Fische

Horoskop

2024

Angeline Rubi

Alina A. Rubi

Unabhängig veröffentlicht

Alle Rechte vorbehalten © 2024.

Astrologin: Alina A. Rubi

Bearbeitung: Alina Rubi und Angeline Rubi

rubiediciones29@gmail.com

Kein Teil dieses Jahrbuchs 2024 darf in irgendeiner Form oder mit irgendwelchen elektronischen oder mechanischen Mitteln vervielfältigt oder übertragen werden. Dies gilt auch für die Vervielfältigung durch Fotokopie, Aufzeichnung oder ein anderes Informationsspeicher- und -abrufsystem ohne vorherige schriftliche Genehmigung des Autors.

Wer sind die Fische?

Termine: 19. Februar - 20. März

Tag: Donnerstag

Farben: Meeresgrün, Blau und Violett.

Element: Wasser

Kompatibilität: Krebs, Skorpion, Stier, Jungfrau

Symbol:

Modus: Veränderlich

Polarität: Weiblich

Herrschender Planet: Neptun und Jupiter

Haus: 12

Metall: Nickel

Quarz: Amethyst: Lapislazuli,

Sternbild: Fische

Fische Persönlichkeit

Fische haben eine ruhige, geduldige und freundliche Persönlichkeit. Sie sind sensibel für die Gefühle anderer und reagieren mit Mitgefühl und Takt auf das Leiden anderer. Sie sind beliebt, weil sie einen liebenswürdigen, liebevollen und freundlichen Charakter haben und keine Bedrohung für diejenigen sind, die nach Machtpositionen oder größerer Beliebtheit streben. Sie neigen dazu, ihre Umgebung und ihre Umstände anzunehmen, und ergreifen in der Regel nicht die Initiative, um Probleme zu lösen. Sie kümmern sich mehr um die Probleme anderer als um ihre eigenen.

Sie leben eher emotional als rational, eher instinktiv als intellektuell. Sie mögen es nicht, sich eingeengt zu fühlen und respektieren Konventionen nicht einfach so. Aber sie haben auch nicht die Energie oder Motivation, gegen die etablierte Macht zu kämpfen.

Sie brauchen viel Einsamkeit, um Zeit mit sich selbst zu verbringen, um innerlich in einer unendlichen Anzahl von Möglichkeiten zu wandern, die sie selbst nicht sehen und fühlen können, aber das ist ihnen egal. Sie glänzen in kreativen Umgebungen.

Materieller Reichtum, sozialer Status, Macht und Führung bedeuten einem Fisch nichts. Das heißt nicht, dass er den Wert materieller Güter nicht anerkennt, aber er lebt nicht danach, was er hat oder nicht hat. Er stuft auch niemanden nach seiner sozialen Stellung ein oder danach, was er zu haben scheint oder nicht. Er ist für einen Bettler auf der Straße genauso freundlich und fürsorglich wie für einen Chef. Was für ihn zählt, ist der Respekt, den sein Gegenüber verdient.

Sie sind Künstler, Musiker, Maler, sie können ausschweifend, spritzig und sehr humorvoll sein, wenn sie sich in einer Umgebung befinden, in der sie sich wohl fühlen. Andererseits können sie rau, mürrisch und gleichgültig sein, wenn sie schlechte Energie spüren und sich nicht wohl fühlen. Sie werden durch zwei Fische dargestellt, einer kommt und einer geht.

Mit seinem ausgeprägten Feingefühl weiß er, wenn er eine kranke Person besucht, in seinem Inneren, ob sie geheilt wird oder nicht. Wenn die Prognose negativ ist, sagt er es nicht und leidet, und das ist Teil seiner Natur. Ihre extreme Sensibilität und das Bedürfnis, schmerzhaften Gefühlen zu entkommen, können dazu führen, dass sie die Realität meiden und sich in ihre Fantasiewelt zurückziehen.

Sie reisen gern und sind gern allein zu Hause, ohne dass ihnen jemand sagt, was sie zu tun haben.

Fische Allgemeines Horoskop

Wenn Sie Ihr Leben radikal ändern, sich selbständig oder unabhängig machen und Ihre Individualität bekräftigen wollen, ist dies das richtige Jahr dafür.

Der Einfluss der Planeten macht Sie furchtlos und mutig, aber er macht Sie auch anfällig für Unfälle. Alle Unfälle sind das Ergebnis Ihrer überstürzten oder impulsiven Handlungen, denn Sie wollen etwas wagen, ohne die Konsequenzen oder die Vor- und Nachteile zu bedenken, die sich auf dem Weg ergeben könnten.

Andere werden dazu neigen, Sie als egoistisch oder egozentrisch abzustempeln, was nicht immer falsch ist, da Sie mehr an Ihren eigenen Angelegenheiten als an denen anderer interessiert sind. Außerdem werden Sie viel autoritärer sein als früher und dazu neigen, Ihre Meinung durchzusetzen.

Dies ist ein geeignetes Jahr, um die Ziele zu erreichen, die Sie sich selbst gesetzt haben. Du wirst sehr beständig sein und große Autorität zeigen, um deine Ideen durchzusetzen. Ihre Ambitionen werden stark und präzise sein, und Sie werden keinen Platz für Ängste oder Unsicherheiten haben.

Es ist wichtig, dass Sie Ihr Urteilsvermögen einsetzen und unter Ihren Zielen die wichtigsten und die zweitwichtigsten auswählen. Ordnung, Methode, Organisation und ständige Arbeit sind die Schlüsselwörter für den Erfolg in diesem Jahr.

Vielleicht stoßen Sie auch auf Probleme, die schwer zu lösen sind, auf Gegner, die Ihre Fähigkeiten herausfordern, oder Sie haben es mit Vorgesetzten oder Autoritätspersonen zu tun, die nicht so logisch sind und ein Hindernis für Ihr Leben darstellen.

Das Schicksal wird Ihre Hartnäckigkeit und Ihr Vertrauen bewerten. Der Erfolg wird nicht vom Glück abhängen, sondern von deiner ständigen Arbeit.

Zu Hause finden Sie ein gefühlsbetontes Klima vor, das Sie unterstützen wird. Lassen Sie nicht zu, dass Ihre Ambitionen und materiellen Angelegenheiten Ihre emotionale Seite abkühlen.

Neptun bleibt das ganze Jahr 2024 hindurch in Ihrem Zeichen und verstärkt die natürliche Pisa Nische Energie, die Sie intuitiver, spiritueller, fantasievoller, mitfühlender, einfühlsamer und kreativer macht. Saturn wird ebenfalls das ganze Jahr 2024 über in Ihrem Zeichen stehen und einen Teil dieser Energie einschränken, indem er Sie zu mehr Konzentration und Kontrolle anhält.

Im Jahr 2024 werden Sie dank Saturn mehr Verantwortung tragen, und das kann manchmal einschränkend und erdrückend wirken, aber Sie müssen vielleicht einige Lektionen lernen, die Ihnen helfen werden, auf neue Weise zu wachsen.

Während der Neumondphasen haben Sie die Möglichkeit, die Initiative zu ergreifen und das zu tun, was Sie wollen. Achte darauf, diszipliniert zu sein und mit Saturn nicht zu hetzen, während du mit Neptun auf deine Intuition hörst.

Mondfinsternisse können entscheidende Momente sein. Es kann eine Art großes Finale geben, etwas, an dem Sie schon seit einiger Zeit arbeiten und dass Sie nun abschließen wollen, oder Sie können sich von etwas Wichtigem trennen oder es loslassen, dass Sie zurückgehalten oder belastet hat.

Sie können die Ergebnisse Ihrer Arbeit sehen, und das bedeutet, dass Sie belohnt werden, wenn Sie die Dinge auf die richtige Weise und aus den richtigen Gründen getan haben, oder Sie können einige Rückschläge erleiden, wenn Sie Ihren Ansatz ändern müssen. Ihre Emotionen können stark und tief sein, *und Sie müssen vielleicht mehr auf Ihre Wünsche und Bedürfnisse achten.*

Fische 2024 bringt Ihnen viele positive Veränderungen, es ist eine Zeit, in der Sie sich vorwärtsbewegen werden, und Sie werden die Möglichkeit haben, Ihr volles Potenzial während des ganzen Jahres dank der positiven Schwingungen um Sie herum zu nutzen. Dieses Jahr markiert für die Fische den Beginn eines neuen Lebens.

Durch harte Arbeit und Engagement werden Sie das Jahr erfolgreich abschließen können.

Konzentrieren Sie sich auf die Zukunft und nutzen Sie alle Chancen, die sich Ihnen in diesem Jahr bieten. Vermeiden Sie Sorgen und Ängste, die Sie zermürben könnten. Lenken Sie Ihre Energie in positive Bereiche und schaffen Sie ein Gleichgewicht in Ihrem Leben.

Liebe

Dieses Jahr wird voller Abenteuer, emotionaler Verpflichtungen und Verantwortlichkeiten sein, die vielleicht eine andere Seite Ihrer Persönlichkeit zum Vorschein bringen. Vielleicht fühlen Sie sich von den Ereignissen um Sie herum überwältigt, aber mit der Zeit werden Sie sich an den Lebensrhythmus anpassen.

Ihre Ansichten über Beziehungen und die Vereinbarkeit von Beruf und Familie können sich erheblich ändern, da Sie in eine neue Lebensphase eintreten.

In Vollmondperioden werden Sie Ihre Verpflichtungen ernster nehmen. Sie sind vielleicht emotional stärker engagiert. Wenn Sie das Gefühl haben, dass Sie keine gute Verbindung zu jemandem haben, haben Sie vielleicht das Bedürfnis, sich ganz von ihm zu trennen.

In den Zeiten, in denen der Neumond am 5. Juli in deinem Liebessektor steht, wirst du mehr Liebe in deinem Leben willkommen heißen. Du kannst mehr Zeit mit den Menschen verbringen, die du liebst, und die Liebe teilen, die du empfindest. Wenn du in einer Beziehung bist, kannst du mehr Romantik in dein Leben bringen. Wenn Sie Single sind, können Sie viel Aufmerksamkeit auf sich ziehen und Spaß haben.

In Zeiten des rückläufigen Merkurs können sich bestehende Beziehungsprobleme verschlimmern.

Wenn Sie alleinstehend sind, werden Sie sich vor allem auf Ihre persönliche Entwicklung konzentrieren, was bedeutet, dass Sie im Jahr 2024 weniger daran interessiert sein werden, Ihren Seelenpartner zu finden.

Dies könnte das Jahr sein, indem du anfängst, mit mehreren Leuten gleichzeitig auszugehen, um sie miteinander zu vergleichen. Daran ist nichts auszusetzen, aber achten Sie darauf, dass Sie keinen Fehler machen, also nicht die falsche Person anschreiben oder zur falschen Zeit am falschen Ort sind.

Wenn Sie einen Partner haben, kann es zu Kommunikationsproblemen kommen, daher ist es wichtig, dass Sie Ihre Gefühle ehrlich ausdrücken. Außerdem können alte Verletzungen und ungelöste Gefühle wieder auftauchen und Sie herausfordern, sich ihnen zu stellen und sie zu heilen. Denken Sie daran, dass diese Herausforderungen Gelegenheiten zum Wachstum sind und Ihre Liebe nur noch stärker machen.

Im weiteren Verlauf des Jahres sollten Sie sich auf einige unerwartete Ereignisse in Ihrem Liebesleben einstellen. Eine alte Liebe könnte neu entfacht werden, oder Sie könnten jemandem begegnen, von dem Sie das Gefühl haben, dass er aus Ihren Träumen herausgetreten ist. Nehmen Sie diese Begegnungen mit offenem Herzen an, denn sie haben das Potenzial, Ihr Liebesleben auf bemerkenswerte Weise zu verändern.

Wirtschaft

Dieses Jahr 2024 ist eine Reise in die Gezeiten des Wohlstands, denn Ihr Augenmerk wird auf dem finanziellen Bereich liegen. Dieses Jahr verspricht Ihnen eine Welle von Gelegenheiten. Ihre angeborene Kreativität und Ihre intuitive Natur werden in der Finanzwelt als wertvolles Kapital dienen. Ihre innovativen Ideen können zu unerwarteten Einkommensströmen führen, und mit Organisation getätigte Investitionen können große Erträge bringen.

Es kann jedoch sein, dass Sie unerwartete Ausgaben oder finanzielle Rückschläge haben. Es ist wichtig, dass Sie ein Budget haben und für schlechte Tage sparen. Sie sollten bei riskanten Unternehmungen vorsichtig sein und bedenken, dass nicht alle Möglichkeiten so vielversprechend sind, wie sie scheinen.

Halten Sie sich von impulsiven Ausgaben fern und halten Sie sich an einen Finanzplan. Ihre Intuition kann Ihnen helfen, finanzielle Entscheidungen zu treffen, aber sie kann Sie auch zu impulsiven, von Ihren Gefühlen motivierten Käufen verleiten. Es ist wichtig, dass Sie ein Gleichgewicht zwischen Ihrem Herzen und Ihrem Geldbeutel herstellen. Denken Sie nach, bevor Sie größere finanzielle Verpflichtungen eingehen.

Überlegen Sie, ob Sie Ressourcen für Ihre persönliche Entwicklung bereitstellen sollen; Investitionen in Ihre Bildung könnten zu langfristigem finanziellen Wachstum führen. Dies könnte das Jahr sein, in dem das Erlernen einer neuen Fähigkeit äußerst lohnend sein wird, da es entweder Ihr wirtschaftliches Potenzial erhöht oder Ihnen neue Karrierewege eröffnet.

Während der Vollmondphasen werden Sie die Ergebnisse Ihrer Arbeit sehen und daran arbeiten, die Blockaden zu beseitigen, die Sie daran gehindert haben, vorwärtszukommen, und alle Probleme zu beseitigen, die Ihnen im Weg standen.

Während der rückläufigen Phase des Merkurs werden Sie viel Energie und Konzentration haben, die es Ihnen ermöglichen, wieder Fülle in Ihr Leben zu bringen. Sie können auch Arbeitsprojekte neu starten oder ein altes Projekt wieder aufnehmen, an dem Sie nicht arbeiten konnten.

Es ist wichtig, dass Sie einer Arbeit nachgehen, in die Sie emotional involviert sind, die Sie begeistert, die Ihnen Spaß macht und die Sie als erfüllend empfinden. Wenn Sie das nicht haben, wird das Jahr 2024 Sie zwingen, etwas zu ändern.

Fische Gesundheit

Im Jahr 2024 stehen die Sterne günstig, um Sie mit viel Energie und Vitalität zu versorgen, was Ihnen eine gute Gesundheit und viel Enthusiasmus bescheren wird.

Dies ist ein ausgezeichnetes Jahr, um ein Bewegungsprogramm zu entwickeln, das Ihren Vorlieben entspricht. Eine ausgewogene Ernährung und eine ausreichende Flüssigkeitszufuhr werden Ihr Wohlbefinden weiter steigern. Die Körperpflege sollte Ihre Priorität sein.

Sie müssen Stress und emotionale Schwankungen in den Griff bekommen, denn Ihre einfühlsame Art kann zu emotionaler Erschöpfung führen, also müssen Sie Grenzen setzen.

Überarbeitung kann sich negativ auf Ihre Gesundheit auswirken. Achten Sie deshalb darauf, dass Sie regelmäßig Pausen und Urlaube einlegen, um neue Energie zu tanken. Legen Sie Wert auf ausreichend Schlaf und ganzheitliche Praktiken.

Sie können Probleme mit Ihrem Verdauungssystem bekommen und an Gewicht zunehmen.

Familie

Dieses Jahr verspricht eine Mischung aus Liebe, Wachstum und Herausforderungen in Ihrem Familienleben und bietet Ihnen die Möglichkeit, Hindernisse zu überwinden.

Es wird eine Person in Ihre Familie kommen, die die Atmosphäre erfrischen und die Energie bringen wird, die alle brauchen. Seine Herangehensweise wird das genaue Gegenteil von der Ihren sein, aber er wird Harmonie und Verbindung in Ihre Familie bringen.

Ihr natürliches Mitgefühl und Ihre einfühlsame Art werden durchscheinen und Sie zum Friedensstifter bei Familienstreitigkeiten machen.

Seien Sie jedoch auf einige Meinungsverschiedenheiten oder Missverständnisse vorbereitet. Ihre einfühlsame Art kann dazu führen, dass Sie die emotionale Belastung anderer auf sich nehmen, was Ihr eigenes Wohlbefinden beeinträchtigen kann. Das Setzen von Grenzen und eine offene Kommunikation sind der Schlüssel zur Bewältigung dieser Herausforderungen und zur Erhaltung der Familienharmonie.

Erwägen Sie die Teilnahme an gemeinsamen Aktivitäten, um den Zusammenhalt in Ihrer Familie zu stärken. Akzeptieren Sie Veränderungen als Chance für positive Veränderungen in Ihrem Zuhause und fördern Sie eine Atmosphäre des Verständnisses.

Sie müssen der Qualität der Zeit mit Ihren Lieben Vorrang einräumen. Trennen Sie sich von Ablenkungen.

Wichtige Termine

19.02. Sonne tritt in Fische ein.

23.02. Merkur tritt in die Fische ein.

28.02. Sonne steht in Konjunktion zu Saturn in den Fischen.

03/10 Neumond in den Fischen

03/17 Sonne steht in Konjunktion zu Neptun in den Fischen.

22.03. Mars tritt in die Fische ein.

29.06. Saturn rückläufig in den Fischen

07/02- Neptun rückläufig in den Fischen.

09/18- Vollmond und partielle Mondfinsternis in den Fischen.

11/15 Saturn direkt in den Fischen

12/07 Saturn direkt in den Fischen.

Monatliche Horoskope für Fische 2024

Januar 2024

In diesem Monat müssen Sie sich beruhigen, denn Sie beginnen, Anzeichen von Verzweiflung zu zeigen, da es ein wirtschaftliches Problem gibt, das Sie noch nicht lösen konnten.

Wenn Sie noch keinen Partner haben, stellt die Ankunft der Liebe eine Reihe von Herausforderungen dar. Die erste besteht darin, dass Sie Ihre Zeit und Ihren Raum auf den des anderen abstimmen müssen, damit Sie ihn kennenlernen und alles richtig machen.

Denken Sie daran, dass es Zeit ist, unsere Leidenschaften zu erforschen, wenn die Verpflichtungen versagen. Wenn das, was Sie aus Pflichtgefühl tun, nicht von Nutzen ist, ist dies der Monat, in dem Sie einen Richtungswechsel in Betracht ziehen und Ihre Hobbys zum Material Ihres Einkommens machen sollten.

Das kleine Unbehagen, das Sie verspüren, sollte Sie nicht im Bett halten. Bewegung und Aktion werden diesen eingebildeten Symptomen ein Ende setzen. Werden Sie nicht zum Hypochonder, sondern übernehmen Sie die Kontrolle über Ihr Leben.

Es ist immer eine gute Option, die Dinge, die andere Ihnen sagen, als etwas Positives zu akzeptieren, denn nicht immer ist jeder darauf aus, Sie anzugreifen.

Glückszahlen
1 - 3 - 25 - 29 - 34

Februar 2024

Sie sind ein ausgezeichneter Freund, und Sie sind stolz darauf, den Menschen um Sie herum zu helfen. Diesen Monat solltest du dich für eine humanitäre Sache engagieren oder einen Teil deiner Zeit der Gemeinschaft widmen. Es ist an der Zeit, deine Ideen zu nutzen, um anderen zu helfen.

Die wichtigsten Themen des Monats sind Arbeit, Gesundheit und Geld. Ein wichtiges wirtschaftliches Problem wird zurückkehren, vermeiden Sie Situationen des persönlichen Risikos.

Wenn Sie einen Partner haben, werden Sie sich unsicher fühlen, denn obwohl Sie sich glücklich fühlen, sind Sie sich nicht sicher, ob Sie das Leben, was Sie für sich selbst wollen. Das Traurige ist, dass Sie nicht wissen, was Sie wirklich wollen, also treffen Sie keine wichtigen Entscheidungen, lassen Sie den Monat ausklingen.

Wenn Sie allein sind, könnten Sie sich über soziale Netzwerke in eine Person verlieben.

Eine Person wird Ihnen das Leben schwer machen, da Sie ihr Handeln als Verrat empfinden werden. Sie sollten versuchen, mit dieser Person zu sprechen und sie um Erklärungen bitten. Glücklicherweise wird es Ihnen gelingen, die Dinge zu klären. Um dieses Missverständnis zu überwinden, müssen Sie jedoch

Änderungen in Ihrer Beziehung vornehmen. Die Planeten raten Ihnen, eine radikale Veränderung vorzunehmen, sonst wird sie nicht wirksam sein.

Glückszahlen
1 - 2 - 12 - 13 - 23

März 2024

In diesem Monat geht es um die Herausforderungen, zu denen uns das Universum zwangsweise führt. Diese Herausforderungen können nützlich sein, wenn es darum geht, Geld zu verdienen. Ihr Gehirn produziert hochkreatives Material. Verwandeln Sie es in etwas Greifbares und machen Sie sich daran, es so zu verkaufen, dass Sie den größten Gewinn erzielen.

Sie werden versucht sein, zusätzliche Ausgaben zu tätigen, die nicht in Ihrem Budget liegen. Sie sollten nachdenken, bevor Sie in etwas investieren, das Sie nicht brauchen. Sie brauchen keine teuren Geschenke zu kaufen, um einer Person zu gefallen, die Sie erobern wollen, wenn es jemand ist, der Ihnen entspricht, verhalten Sie sich einfach natürlich.

Lassen Sie sich nicht vom Leben die Zeit stehlen, bereiten Sie sich auf die Zukunft vor, denn das Gute wird kommen, aber Sie müssen sich anstrengen.

Wenn Sie einen Partner haben, sollten Sie nicht zulassen, dass es zu Konflikten kommt, respektieren Sie die Meinung Ihres Gegenübers, er/sie hat das Recht, seine/ihre Ideen, Ängste und Gedanken zu äußern. versuchen Sie nicht, seine/ihre

Entscheidungen zu kontrollieren, geben Sie ihm/ihr den Raum, den er/sie braucht.

Eine Person aus der Vergangenheit wird zurückkehren und Sie an Ihrer aktuellen Beziehung zweifeln lassen.

Glückszahlen
17 - 18 - 22 - 23 - 26

April 2024

Zwischen Ihnen und Ihrem Partner herrscht eine Welle des Grolls. Es gibt unausgesprochene Dinge, die Sie verletzen und mit denen Sie nicht umgehen konnten. Dies ist ein perfekter Monat für Sie, damit Sie diesen Konflikt lösen können.

Wenn Sie einsam sind, brauchen Sie mehr Freunde und keine Liebe. Ihr Selbstwertgefühl ist ungesund. Ein Unterstützungsnetzwerk wird Ihnen helfen, Ihre Gefühle über die Vergangenheit zu klären. Du verdienst Liebe.

Bei der Arbeit müssen Sie Risiken eingehen, die Anonymität hat es Ihnen nicht erlaubt zu zeigen, wie viel Sie wert sind. Machen Sie also heute Schluss mit dieser falschen Bescheidenheit und treten Sie vor, um Ihr Können unter Beweis zu stellen.

Achten Sie nicht auf Ihre Gewohnheit, für alles eine Erklärung finden zu wollen. Es wird sich etwas in Ihnen verändern, in der Art und Weise, wie Sie auf Hindernisse reagieren.

Beginnen Sie damit, Platz für einen späteren Urlaub zu schaffen, vielleicht möchten Sie eine Reise mit Freunden machen, und Sie sollten alles ab diesem Monat organisieren.

Erwarten Sie nicht, dass die Dinge geschehen, ohne dass Sie ihnen einen Anstoß geben.

Glückszahlen
8 - 17 - 29 - 33 - 36

Mai 2024

Die Arbeit wird sich verbessern, alles, was gelähmt war, wird gelöst und Sie beginnen, Ihre Projekte zu entwickeln. Sie werden hart arbeiten, und Sie werden Konkurrenz haben. Du wirst lernen müssen, einen Platz in deinem Beruf zu finden.

Sie werden interessante Stellenangebote erhalten, aber treffen Sie Ihre Wahl nicht übereilt. Analysieren Sie jedes Angebot gut. Finanziell wird es Ihnen gut gehen. Sie befinden sich in einer guten Phase und das Geld wird sehr leicht auf Ihr Bankkonto eingehen.

Du wirst investieren wollen, weil du dich stark fühlst, aber du solltest vorsichtig sein und dich beraten lassen, bevor du investierst. Sie werden Glück beim Glücksspiel und bei Investitionen haben. Nutzen Sie die Gelegenheit, um Schulden zu tilgen. Wenn Sie Angestellter sind, könnten Sie eine Gehaltserhöhung bekommen.

Ihr Lebensrhythmus und die Komplizenschaft, die Sie mit Ihrem Partner pflegen, werden Ihre Lebensqualität in der Beziehung verbessern. Wenn Sie alleinstehend sind, ist es eine angenehme Zeit für die Liebe. In diesem Monat könnten Sie jemanden treffen, in den Sie sich verlieben und der Ihr Leben verändert.

Sie zollen den Menschen, die Ihnen auf Ihrem Weg geholfen haben, wenig Anerkennung, Sie sollten anfangen, diesen Menschen zu danken.

Glückszahlen
1 - 5 - 6 - 7 - 10

Juni 2024

Wenn Sie Single sind, wird die Liebe Sie wieder anlächeln. Du könntest die Liebe finden und einen Partner haben. Sie werden bei der Arbeit und mit Ihren Freunden viel miteinander zu tun haben. Jetzt ist es an der Zeit, auszugehen und zu teilen.

Sie werden Ihren gewohnten Arbeitsrhythmus beibehalten. Sie werden mit Sehnsüchten arbeiten, und Sie werden neue Kunden oder Kontakte haben, um neue Geschäfte zu machen.

Ihre Wirtschaft wird gut laufen, das Geld wird in Ihr Leben fließen, aber Sie werden nach Kunden oder Geschäften weit weg von Ihrer gewohnten Umgebung suchen müssen. Seien Sie nicht faul, denn es wird sich lohnen.

Ihre Gesundheit wird gut sein, aber Sie müssen sich um sich selbst kümmern, um Ihre Kräfte zu optimieren. Ruhen Sie sich aus, entspannen Sie sich, treiben Sie Sport, und achten Sie auf Ihre Ernährung. Wenn Sie abnehmen wollen, ist dies der ideale Zeitpunkt für eine Diät.

Wenn Sie nicht abnehmen müssen, ist dies der ideale Zeitpunkt, um Ihren Organismus zu entschlacken.

Ihre Familie wird Ihren Rat brauchen. Es werden sich Gelegenheiten in Ihrem Leben ergeben, und es werden zweifellos gute Gelegenheiten sein.

Glückszahlen
3 - 7 - 8 - 24 - 34

Juli 2024

Achten Sie mehr auf Ihre Ernährung.

Es gibt Menschen, die Probleme erfinden, wenn sie nicht an uns interessiert sind. Lassen Sie nicht zu, dass Ihnen das mit einer Person passiert, die Sie erst seit kurzer Zeit kennen, geben Sie ihr nicht die Macht, Sie schlecht zu behandeln.

Wenn du einen Moment erlebst, den du als unglücklich ansiehst, ist es gut, dass du Dinge tust, die dir das Gegenteil zeigen, es ist eine Idee, die nur in deinem Kopf ist, und du musst mehr Wünsche in die Dinge stecken, die du jeden Tag tust.

Die Liebe ist in diesem Monat ein wichtiges Thema. Wenn du verheiratet bist, bist du verpflichtet, alle Fehler zu korrigieren, die du gemacht hast. Einige werden die Beziehung kaputt machen, aber andere werden sie reparieren. Wenn Sie alleinstehend sind, werden Sie in diesem Monat niemanden kennenlernen. Sie werden weiterhin ohne Partner sein und sich mit Ihren Freunden vergnügen.

Wenn Sie einen Job haben, werden Sie in Ihrer derzeitigen Position Veränderungen vornehmen, denn es werden Probleme auftreten. Seien Sie vorsichtig, wie Sie mit Ihren Kollegen umgehen. Es könnten starke Konflikte entstehen.

Wenn Sie keine Arbeit haben, werden sich neue Möglichkeiten ergeben, und Sie können in einem neuen Unternehmen anfangen.

Glückszahlen

11 - 19 - 21 - 23 - 33

August 2024

Geld ist in diesem Monat wichtig, Sie müssen Änderungen vornehmen, weil Sie Geldprobleme haben werden und Sie werden, gezwungen sein, die Organisation Ihrer Finanzen zu ändern. Auf der positiven Seite werden Sie in der Lage sein, die Mängel zu korrigieren.

Ihre Gesundheit wird in Ordnung sein, aber Ihr Image wird chaotisch sein. Sie werden erkennen, dass Sie Ihr körperliches Erscheinungsbild verbessern müssen, und Sie werden eine Diät beginnen. Sie werden Ihren Lebensstil ändern, um tägliche Übungen, einen normalen Zeitplan und die notwendigen Schlafstunden einzubauen. Diese Veränderung wird sich positiv auf Ihre Gesundheit auswirken, da Ihr Organismus gereinigt wird und Sie sich dynamischer fühlen werden. Sie müssen den anderen ein anderes Bild bieten, damit Sie attraktiver aussehen.

Ihrer Familie wird es gut gehen, sie wird Sie unterstützen, und zu Hause werden Sie einen Platz zum Ausruhen finden.

Man wird Sie mit einem Blick bitten, in einer Situation zu schweigen. Es geht um etwas, das für jemanden,

den Sie lieben, wichtig ist, und es stört Sie, weil Sie Intrigen verabscheuen. Doch dieses Mal musst du eine Ausnahme machen.

Glückszahlen
1 - 5 - 10 - 23 – 35

September 2024

Dieser Monat wird wohlhabend sein, aber Ihr Liebesleben wird regelmäßig sein. Wenn Sie einen Partner haben, werden Sie einen konfliktreichen Monat mit Instabilität, Streit und Kontinuitätsüberlegungen erleben. Wenn Sie alleinstehend sind, haben Sie wenig Lust, nach einem Partner zu suchen. Sie werden sich auf andere Themen konzentrieren und kein Interesse an einem anderen Geschlecht zeigen.

Die Planeten raten dazu, die kritischsten Themen für den nächsten Monat aufzusparen und langsam zu arbeiten. Gehen Sie in diesem Monat kein Risiko ein, denn es könnten unnötige Probleme entstehen. Setze deine Prioritäten und alles wird gut werden.

Das Klügste, was Sie tun können, ist, einige Veränderungen vorzunehmen, damit Ihre Wirtschaft stabil ist und Sie sich sicher fühlen. Sobald Sie diese Änderungen vorgenommen haben, werden Sie sich dramatisch weiterentwickeln.

Sie werden sich gut fühlen und mit allem fertig werden können. Seien Sie nur sehr vorsichtig beim Autofahren, damit Sie Unfälle vermeiden.

Sie haben jetzt die Chance, viele Welten zu erkunden, bevor Sie sich entscheiden, wo Sie bleiben und Ihr Leben gestalten wollen.

Glückszahlen
9 - 24 - 25 - 30 - 32

Oktober 2024

Wenn Sie ein Paar sind, wird es ein harter Monat sein. Es wird Spannungen geben, und die Probleme, die sich daraus ergeben, werden zu Meinungsverschiedenheiten und Unstimmigkeiten führen. Wenn Sie Single sind, werden Sie jemanden treffen, der so spirituell ist wie Sie.

Freunde und Spaß werden sich auf Ihren inneren Freundeskreis beschränken. Sie werden viele Zusammenkünfte mit Freunden haben, denn Ihr Ehrgeiz wird es sein, Ideen auszutauschen.

Es ist eine angenehme Zeit zum Sparen, denn in diesem Monat werden Sie mehr Geld verdienen als sonst, und Sie werden Dinge tun können, die Sie noch nicht getan haben, und sich einen gewissen Luxus gönnen.

Geld und Spiritualität gehen Hand in Hand. Je mehr Sie sich in die Spiritualität vertiefen, desto besser wird es Ihnen gehen. Wenn Sie investieren wollen, tun Sie es und hören Sie auf Ihre Intuition.

Ihre Gesundheit wird gut sein, außer am Ende des Monats. Es ist eine angenehme Zeit, um in Form zu kommen.

Sie werden Träume haben, die voller Informationen sind. Schreiben Sie auf, was Sie geträumt haben, bevor Sie es vergessen.

Eine gute Nachricht für alle, die auf die Auszahlung ihrer Schulden warten: Sie werden ihr Geld endlich in den Händen halten.

Glückszahlen
1 - 2 - 17 - 24 - 30

November 2024

In diesem Monat wird es in der Liebe instabil sein. Ihre Beziehung zu Ihrem Partner wird kalt sein. Sie werden Ihr Leben weiterhin parallel leben. Wenn Sie Single sind, werden Sie es auch bleiben, obwohl Sie mit Freunden ausgehen und Spaß haben werden.

Auf familiärer Ebene werden Sie viele Mahlzeiten und Familientreffen veranstalten. Die Kommunikation mit Ihren Freunden wird gut funktionieren, und Sie werden sich von ihnen unterstützt fühlen. Hier werden Sie Ihr emotionales Gleichgewicht finden.

Bei der Arbeit werden Sie unruhig sein, und einem Kollegen könnte etwas passieren.

Wenn Sie Ihr eigenes Unternehmen haben, fürchten Sie um dessen Zukunft. Ein Freund könnte Ihnen vorschlagen, ein Unternehmen zu gründen.

Am Ende des Monats wird Ihre Wirtschaft fantastisch sein. Der Wohlstand begleitet Sie und an Geld wird es nicht mangeln. Sie werden in der Lage sein, sich diesen vielen Luxus zu gönnen und darüber hinaus Ihre Zukunft zu planen.

Das ist die Zeit, in der Sie in der Lotterie etwas Geld gewinnen können.

Glückszahlen
2 - 6 - 15 - 28 - 31

Dezember 2024

Die Liebe wird in diesem letzten Monat des Jahres ausgezeichnet sein. Wenn du alleinstehend bist, wird die Liebe deines Lebens plötzlich vor deinen Augen erscheinen. Wenn Sie einen Partner haben, werden Sie sich entscheiden müssen, bei wem Sie bleiben wollen, und wenn Sie Single sind, wird es leichter sein. Diese Person wird Sie beeinflussen, die sexuelle Anziehungskraft zwischen Ihnen und die intellektuelle, spirituelle Verbindung wird stark sein.

Das soziale Leben wird aktiv sein, aber die Arbeit wird der wichtigste Teil des Monats sein, denn Sie werden beruflich vorankommen und stolz auf sich sein.

Wenn Sie arbeiten, werden Sie in allem, was Sie tun, Glück und Erfolg haben. Sie werden interessante Stellenangebote erhalten, lehnen Sie sie nicht ab, ohne sie studiert zu haben, denn sie werden die Lösung für Ihren beruflichen Erfolg sein.

Ihr Gesundheitszustand wird regelmäßig sein, aber mit dem Fortschreiten des Monats werden Sie sich besser fühlen. Achten Sie auf sich selbst, respektieren

Sie Ihre Ruhezeiten, um sich nicht zu erschöpfen. Ihre Ernährung muss frei von Fetten sein.

Sie haben ein gutes Gespür für Investitionen, aber dieser Monat wird noch viel besser werden.

Glückszahlen
3 - 6 - 21 - 28 - 32

Die Tarotkarten, eine rätselhafte und psychologische Welt.

Das Wort Tarot bedeutet "Königsweg", es ist eine jahrtausendealte Praxis, es ist nicht genau bekannt, wer das Kartenspiel im Allgemeinen und das Tarot im Besonderen erfunden hat; es gibt die unterschiedlichsten Hypothesen in diesem Sinne.

Manche sagen, dass sie in Atlantis oder Ägypten entstanden sind, andere wiederum glauben, dass die Tarots aus China oder Indien, aus dem alten Land der Zigeuner oder durch die Katharer nach Europa gekommen sind. Tatsache ist, dass Tarotkarten astrologische, alchemistische, esoterische und religiöse Symbolik destillieren, sowohl christliche als auch heidnische.

Wenn man bis vor kurzem das Wort "Tarot" erwähnte, stellten sich manche Leute einen Zigeuner vor, der in einem von Mystik umgebenen Raum vor einer Kristallkugel sitzt, oder sie dachten an schwarze Magie oder Hexerei, aber das hat sich heute geändert.

Diese uralte Technik hat sich an die moderne Zeit angepasst, sie hat sich mit der Technologie verbunden und viele junge Menschen interessieren sich dafür.

Junge Menschen haben sich von der Religion abgekapselt, weil sie glauben, dass sie dort nicht die Lösung für ihre Bedürfnisse finden, sie haben die Dualität der Religion erkannt, etwas, das bei der Spiritualität nicht der Fall ist. Überall in den sozialen Netzwerken findet man Konten, die dem Studium und den Tarot-Lesungen gewidmet sind, da alles, was mit Esoterik zu tun hat, in Mode ist, in der Tat werden einige hierarchische Entscheidungen unter Berücksichtigung des Tarots oder der Astrologie getroffen.

Bemerkenswert ist, dass die Vorhersagen, die normalerweise mit dem Tarot zu tun haben, nicht die gefragtesten sind, sondern die, die mit Selbsterkenntnis und spiritueller Beratung zu tun haben, am meisten nachgefragt werden.

Das Tarot ist ein Orakel, durch seine Zeichnungen und Farben, stimulieren wir unsere psychische Sphäre, den innersten Teil, der über das Natürliche hinausgeht. Viele Menschen wenden sich an das Tarot als spirituelle oder psychologische

Führer, weil wir in unsicheren Zeiten leben, und dies drängt uns, Antworten in der Spiritualität zu suchen.

Es ist ein so mächtiges Werkzeug, das Ihnen konkret sagt, was in Ihrem Unterbewusstsein vor sich geht, so dass Sie es durch die Linse einer neuen Weisheit wahrnehmen können.

Carl Gustav Jung, der berühmte Psychologe, verwendete die Symbole der Tarotkarten in seinen psychologischen Studien. Er schuf die Theorie der Archetypen, in der er eine umfangreiche Summe von Bildern entdeckte, die in der analytischen Psychologie helfen.

Die Verwendung von Zeichnungen und Symbolen, die an ein tieferes Verständnis appellieren, wird in der Psychoanalyse häufig eingesetzt. Diese Allegorien sind ein Teil von uns und entsprechen den Symbolen unseres Unterbewusstseins und unseres Geistes.

Unser Unbewusstes hat dunkle Bereiche, und wenn wir visuelle Techniken verwenden, können wir verschiedene Teile davon erreichen und Elemente unserer Persönlichkeit enthüllen, die wir nicht kennen. Wenn Sie diese Botschaften durch die bildhafte Sprache des Tarots entschlüsseln können, können Sie entscheiden, welche Entscheidungen Sie im Leben treffen, um das Schicksal zu gestalten, das Sie wirklich wollen.

Das Tarot mit seinen Symbolen lehrt uns, dass ein anderes Universum existiert, vor allem in der heutigen Zeit, in der alles so chaotisch ist und für alles eine logische Erklärung gesucht wird.

Die Einsiedler Tarotkarte für Fische 2024

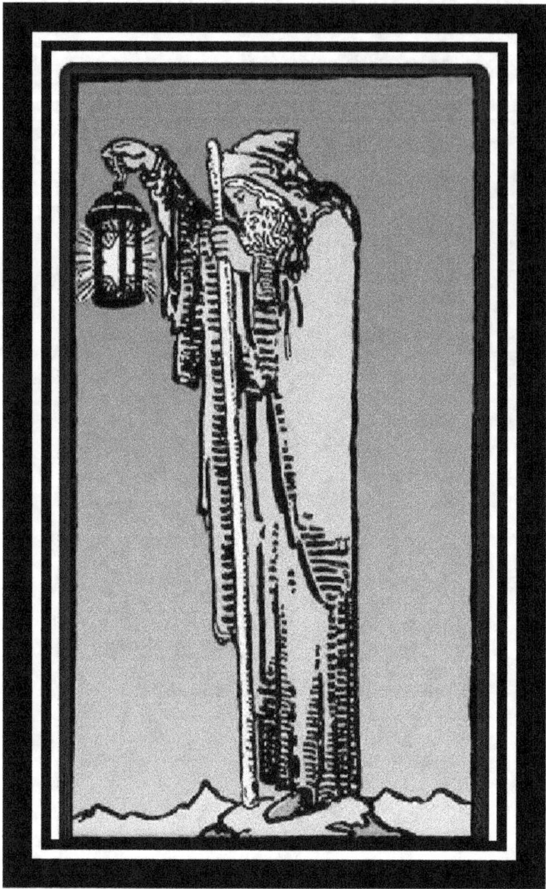

Diese Tarotkarte ist eine Einladung, sich Fragen zu stellen und Antworten in sich selbst zu suchen.

Dies ist der Brief derjenigen, die sich nicht scheuen, den tiefsten Teil ihrer Realität zu erforschen.

Sie zeigt die Lehrer und diejenigen, die auf der Suche nach diesen Lehrern sind.

Sie lädt dazu ein, in der Stille und Einsamkeit Antworten zu finden und zu meditieren.

Es ist die Karte der Suche, aber der inneren Suche.

Es lehrt, dass man sich Zeit für sich selbst nehmen muss, damit man nachdenken und in sich selbst eintauchen kann, auf der Suche nach der Wahrheit und den richtigen Antworten, die aus der Weisheit kommen.

Es ist nicht die Zeit, impulsiv zu handeln, sondern sich Zeit zu nehmen, die Dinge in Ruhe zu überdenken. Es deutet darauf hin, dass du deinen Geist durch tiefe Selbstbeobachtung entwickeln, dein eigenes Licht finden und deinen eigenen Weg gehen musst.

Bleiben Sie allein oder verkehren Sie nur mit denjenigen, die im Einklang mit Ihrem Moment sind. Verschwende keine Zeit und Energie mit denen, die nicht im Einklang mit dir sind.

Diese Karte kündigt eine Veränderung an. Es wird ein komplizierter Prozess sein, aber er wird ein positives Ende haben. Diese Zeit des Übergangs wird dich dazu bringen, die Wahrheit über dich selbst zu finden.

Du lebst in einer Situation, die Antworten erfordert, und die Antworten liegen in dir selbst. Diese Karte bittet dich um Abstand, egal ob von deinem Partner oder von dir selbst. Wenn du einen Partner hast, geht die Beziehung durch eine schwierige Zeit, in der die Kommunikation beeinträchtigt wurde.

Es deutet auch darauf hin, dass eine alte Liebe gegenwärtig sein wird, und damit eine Komplikation, du musst dich mit überstürzten Entscheidungen zurückhalten. Du musst abwägen, ob es für dich günstig ist, dich mit der Vergangenheit zu beschäftigen.

Runen des Jahres 2024

Runen sind eine Reihe von Symbolen, die ein Alphabet bilden. "Rune" bedeutet Geheimnis und symbolisiert das Geräusch, wenn ein Stein auf einen anderen trifft. Runen sind eine uralte visionäre und magische Methode.

Runen dienen nicht für exakte Vorhersagen, aber sie dienen dazu, Sie über ein zukünftiges Ereignis, ein Thema oder eine Entscheidung zu informieren.

Die Runen haben eine bestimmte Bedeutung für die Person, die es will, sondern auch einige Botschaft im Zusammenhang mit den Widrigkeiten, die im Leben entstehen.

Raido, Rune des Fisches 2024

Die Welt und Sie sind eins. Versuchen Sie nicht, das zu ändern, was Ihnen an der Welt nicht gefällt. Ändere dich, und du wirst sehen, wie sich Wunder in deinem Leben manifestieren.

Er steht für die Energien, die in Ihr Leben kommen, um es zu verändern, und deshalb müssen Sie Veränderungen vornehmen.

Sie lädt dich ein, dein Leben zu verändern und die Verantwortung für die Entscheidungen zu übernehmen, die du bisher aufgeschoben hast. Diese Rune gibt dir neue Möglichkeiten mit Menschen, die aus anderen Ländern kommen, oder schlägt dir vor, eine Geschäftsreise zu machen, damit du die Blockaden lösen kannst, die dein Geschäft lähmen.

Überfluss kann in Ihr Leben treten, wenn Sie sich entscheiden, die Extrameile zu gehen.

Raido gibt Ihnen die Energie, die Sie brauchen, um voranzukommen, und nimmt Ihnen die Angst vor dem Arztbesuch.

Sie warnt dich, dass unerwartete Situationen eintreten werden, die dich dazu bringen werden, deine Wohnung oder deinen Arbeitsplatz zu wechseln. All dies wird geschehen, weil du dich erneuern musst.

Überprüfe den Zustand deiner Liebesbeziehung, denn Raido warnt dich, dass du dich von deinem Partner distanziert hast, und es ist ein gutes Jahr für eine Versöhnung. Wenn Sie Single sind, wird die Liebe plötzlich kommen.
Überlegen Sie, wie Sie persönlich und beruflich wachsen können, stellen Sie sich den Situationen, die das Schicksal Ihnen auferlegt.

Glückliche Farben

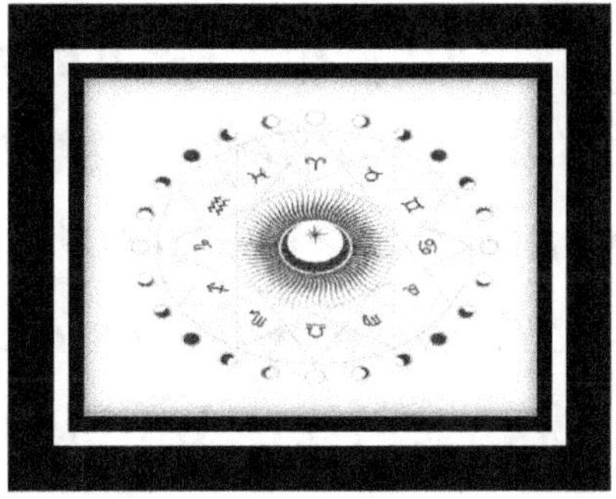

Farben haben eine psychologische Wirkung auf uns; sie beeinflussen unsere Wertschätzung von Dingen, unsere Meinung über etwas oder jemanden und können dazu dienen, unsere Entscheidungen zu beeinflussen.

Die Traditionen zur Begrüßung des neuen Jahres variieren von Land zu Land, und in der Nacht zum 31. Dezember ziehen wir Bilanz über all die positiven und negativen Dinge, die wir im zu Ende gehenden Jahr erlebt haben. Wir beginnen zu überlegen, was wir tun können, um unser Glück im neuen Jahr zu verbessern.

Es gibt mehrere Möglichkeiten, positive Energien zu uns zu ziehen, wenn wir das neue Jahr empfangen, und eine davon ist, Accessoires in einer bestimmten Farbe zu tragen, die das anzieht, was wir uns für das neue Jahr wünschen.

Farben haben energetische Ladungen, die unser Leben beeinflussen, daher ist es immer ratsam, das Jahr in einer Farbe zu beginnen, die die Energien dessen anzieht, was wir erreichen wollen.

Dafür gibt es Farben, die mit jedem Sternzeichen positiv schwingen. Die Empfehlung ist also, dass Sie die Kleidung mit dem Farbton tragen, der Sie im Jahr 2024 Wohlstand, Gesundheit und Liebe anziehen lässt. (Diese Farben können auch während des restlichen Jahres für wichtige Anlässe oder zur Verschönerung Ihrer Tage verwendet werden).

Denken Sie daran, dass es zwar üblich ist, rote Unterwäsche für die Leidenschaft, rosa für die Liebe und gelb oder Gold für den Reichtum zu tragen, dass es aber nie zu viel ist, die Farbe in unsere Kleidung aufzunehmen, die unserem Sternzeichen am meisten entspricht.

Fische

Silber

Silberne Schlüsselwörter: *Stabilität, Sensibilität, Vielseitigkeit, Unabhängigkeit, Ruhe und Beharrlichkeit.*

Silber ist die Farbe des Mondes, die sich ständig verändert. Sie steht in Verbindung mit dem weiblichen und emotionalen Teil, den sensiblen Aspekten und dem Geist. Es ist das Symbol der Kommunikation zwischen der menschlichen und der himmlischen Welt.

Silber wirkt ausgleichend und harmonisierend und ist eine Farbe, die hilft, das innere Selbst zu reinigen. Es steht für Göttlichkeit und hat eine Energie, die dem Träger helfen kann. Silber ist eine vielseitige Farbe und wird verwendet, um Gleichgewicht und Harmonie zu schaffen.

Diese Farbe wird Ihnen helfen, sich mit Ihrer Intuition zu verbinden und Fülle in Ihr Leben zu bringen. Silber erinnert dich daran, dass du ein spirituelles Wesen bist, und hilft dir, deine Bestimmung zu finden.

Glücksbringer

Wer besitzt nicht einen Glücksring, eine Kette, die nie abfällt, oder einen Gegenstand, den er für nichts auf der Welt hergeben würde? Wir alle schreiben bestimmten Gegenständen, die uns gehören, eine besondere Kraft zu, und dieser unverwechselbare Charakter, den sie für uns annehmen, macht sie zu magischen Gegenständen.

Damit ein Talisman wirken und die Umstände beeinflussen kann, muss sein Träger Vertrauen in ihn haben, was ihn in ein riesiges Objekt verwandelt, das alles erfüllen kann, was von ihm verlangt wird.

In der Regel ist ein Amulett ein Gegenstand, der das Gute besänftigt, um Böses, Schaden, Krankheiten und Hexerei zu verhindern.

Amulette für Glück können Ihnen helfen, ein Jahr 2024 voller Segen in Ihrem Zuhause, bei der Arbeit, mit Ihrer Familie zu haben, Geld und Gesundheit anzuziehen. Damit die Amulette richtig *funktionieren, sollten Sie sie nicht an andere verleihen und immer zur Hand haben.*

Amulette gab es in allen Kulturen und sie werden aus Elementen der Natur hergestellt, die als Katalysatoren für Energien dienen, die dazu beitragen, menschliche Wünsche zu erfüllen.

Dem Amulett wird die Macht zugesprochen, Übel, Zauber, Krankheiten und Katastrophen abzuwehren oder bösen Wünschen entgegenzuwirken, die durch die Augen anderer hervorgerufen werden.

Amulett für Fische

Hufeisen.

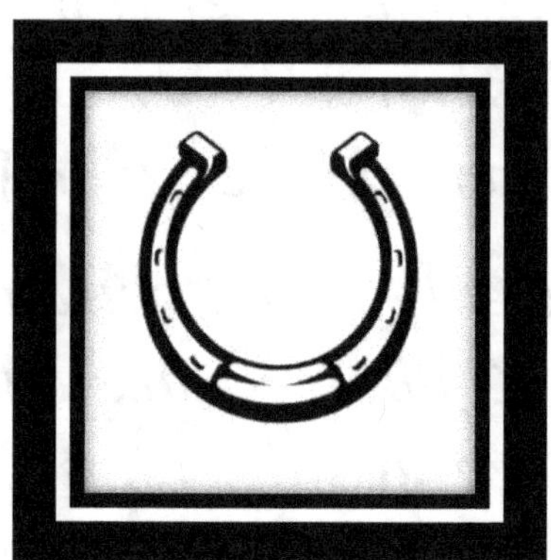

Als eines der ältesten Amulette der Geschichte ist es ein magisches Symbol und ein Talisman.

Seit der griechischen Antike galten Hufeisen als mächtige Amulette, die vor dem Bösen schützten und Glück brachten. Ihre Form, die an die Mondsichel erinnert, symbolisiert Fruchtbarkeit und Wohlstand.

Wenn er Ihnen Glück bringen soll, legen Sie ihn mit der Unterseite nach unten, wenn Sie dagegen Schutz suchen, legen Sie ihn mit der Oberseite nach oben. Seine Macht ist es, Zweifel zu zerstreuen und Glück anzuziehen.

Glücksquarz

Wir alle fühlen uns zu Diamanten, Rubinen, Smaragden und Saphiren, also zu Edelsteinen, hingezogen. Halbedelsteine wie Karneol, Tigerauge, weißer Quarz und Lapislazuli werden ebenfalls sehr geschätzt, da sie schon seit Tausenden von Jahren als Schmuck und Machtsymbol verwendet werden.

Was viele nicht wissen, ist, dass sie nicht nur wegen ihrer Schönheit geschätzt wurden: Jede von ihnen hatte eine heilige Bedeutung, und ihre heilende Wirkung war ebenso wichtig wie ihr dekorativer Wert.

Die meisten Menschen kennen die bekanntesten Kristalle wie Amethyst, Malachit und Obsidian, aber heutzutage sind auch neue Kristalle wie Lari mär, Petalit und Phenakit bekannt geworden.

Ein Kristall ist ein fester Körper mit geometrisch regelmäßiger Form, Kristalle entstanden bei der Entstehung der Erde und haben sich im Laufe der Veränderungen des Planeten immer weiter gewandelt, Kristalle sind die DNA der Erde, sie sind Miniaturspeicher, die die Entwicklung unseres Planeten über Millionen von Jahren enthalten.

Einige wurden enormem Druck ausgesetzt, andere wuchsen in tief unter der Erde vergrabenen Kammern heran, wieder andere entstanden durch Tropfen. Unabhängig von ihrer Form kann ihre kristalline Struktur Energie absorbieren, bewahren, bündeln und ausstrahlen. Das Herzstück des Kristalls ist das Atom, seine Elektronen und Protonen. Das Atom ist dynamisch und besteht aus einer Reihe von Teilchen, die sich in ständiger Bewegung um das Zentrum drehen, so dass der Kristall, auch wenn er unbeweglich erscheint, eine lebendige Molekülmasse ist, die mit einer bestimmten Frequenz schwingt, was dem Kristall seine Energie verleiht.

Edelsteine waren früher ein königliches und priesterliches Vorrecht. Die Priester des Judentums trugen eine mit Edelsteinen besetzte Plakette auf der Brust, die weit mehr als ein Emblem zur Kennzeichnung ihrer Funktion war, denn sie übertrug Macht auf den Träger.

Seit der Steinzeit haben die Menschen Steine getragen, da sie eine Schutzfunktion hatten und ihre Träger vor verschiedenen Übeln bewahrten. Die heutigen Kristalle haben die gleiche Kraft, und wir können unseren Schmuck nicht nur nach ihrer äußeren Attraktivität auswählen. Sie in unserer Nähe zu haben, kann unsere Energie steigern (orangefarbener Karneol), den Raum um uns herum reinigen (Bernstein) oder Reichtum anziehen (Citrin).

Bestimmte Kristalle wie Rauchquarz und schwarzer Turmalin können Negativität absorbieren und strahlen eine reine und saubere Energie aus.

Wenn Sie einen schwarzen Turmalin um den Hals tragen, schützt er Sie vor elektromagnetischen Ausstrahlungen, auch von Mobiltelefonen. Ein Citrin zieht nicht nur Reichtum an, sondern hilft Ihnen auch, ihn zu bewahren, stellen Sie ihn in den Reichtums Teil Ihrer Wohnung (die hintere linke Ecke, die am weitesten von der Eingangstür entfernt ist). Wenn Sie auf der Suche nach Liebe sind, können Kristalle Ihnen helfen. Stellen Sie einen Rosenquarz in die Beziehungsecke Ihrer Wohnung (die hintere rechte Ecke, die am weitesten von der Eingangstür entfernt ist), seine Wirkung ist so stark, dass Sie vielleicht einen Amethyst hinzufügen möchten, um die Anziehung auszugleichen.

Du kannst auch Rhodochrosit verwenden, die Liebe wird deinen Weg finden.

Einige Kristalle enthalten Mineralien, die für ihre therapeutischen Eigenschaften bekannt sind. Malachit hat eine hohe Konzentration an Kupfer, und das Tragen eines Malachit-Armbandes ermöglicht es dem Körper, minimale Mengen an Kupfer aufzunehmen.

Lapislazuli lindert Migräne, aber wenn die Kopfschmerzen durch Stress verursacht werden, lindern Amethyst, Bernstein oder Türkis oberhalb der Augenbrauen die Schmerzen.

Quarze und Mineralien sind Juwelen von Mutter Erde. Geben Sie sich die Gelegenheit und verbinden Sie sich mit der Magie, die sie ausstrahlen.

Glücksquarz für Fische 2024

Amethyst

Er ist ein Schutzstein, der auf der Ebene der Intuition wirkt, das dritte Auge entwickelt und die Weisheit fördert.

Er hat die Kraft, die Wut zu besänftigen und ihre negativen Emotionen zu zerstören.

Er hebt das mentale Chaos auf und bringt Frieden, deshalb wird er verwendet, um emotionales Gleichgewicht zu schaffen.

Es wird zum Abbau von Stress und Ängsten eingesetzt.

Es kann auch Menschen in Not helfen, mit den starken Emotionen fertig zu werden, die während dieses Zyklus auftauchen.

Dieser Quarz beruhigt emotionale Stürme, und in Gefahrensituationen kommt der Amethyst Ihnen zu Hilfe.

Es verleiht dem Träger Mut und ist ein wirksames Amulett.

Wenn Sie es benutzen, werden Sie vor Leiden und Gefahren geschützt.

Kompatibilität von Fischen und den Tierkreiszeichen

Fische

Die Fische *werden durch zwei Fische symbolisiert, die in entgegengesetzte Richtungen schwimmen und durch einen unsichtbaren Faden miteinander verbunden sind, eine Darstellung ihrer Existenz an der Kreuzung von Utopie und Realität. Es ist das letzte Zeichen des Tierkreises, und aus diesem Grund haben die Fische alle Lektionen gesammelt, die die elf vorderen Zeichen erfahren haben.*

Es ist das spirituellste Zeichen im Tierkreisrad. Friedlich und höflich, aber mürrisch wie ein Exemplar, das in den tiefen Gewässern des Ozeans lebt. Der Nebel der Fische wird von Neptun beherrscht, dem Planeten, der Kreativität und Träume, aber auch Utopien und Eskapismus kontrolliert.

Neptun ist verschwenderisch, faszinierend, aber manchmal kann er auch beängstigend sein.

Diese Eigenschaften spiegeln sich in den Fischen in besonderem Maße wider. Als Wasserzeichen besitzt es eine enorme multidimensionale Tiefe und Magie, die es für andere verführerisch macht.

So wie das Meer seine Wellen wechselt, ist es manchmal ruhig, phantasiert über das Morgen und sinniert über die Seelen und Ereignisse seines Lebens, und zu anderen Zeiten ist es energisch und heftig, entfesselt seine innersten Empfindungen in grandiosen Strömungen.

Da das Meer eine mächtige und gefährliche Kraft ist, sollten Sie sich, bevor Sie sich an die Eroberung der Fische machen, auf das ganze Ausmaß des Schreckens vorbereiten, der auf Sie zukommt.

Fische sind ihrer Methode treu und scheuen sich nicht davor, ihre Meinung zu ändern; sie freuen sich sogar über die Gelegenheit, neue Standpunkte und Ideen zu begrüßen.

Fische sind nicht boshaft; sie können den größten Konflikt der Welt haben und ihn völlig aus ihrem Gedächtnis streichen. Fische helfen auch anderen, das Leben von einer neuen Seite zu betrachten, und Sie können sich darauf verlassen, dass er Ihnen in jeder Situation hilft.

Er ist immer auf der Suche nach neuen Methoden, um seinen Horizont zu erweitern, und Fische lieben es, ihre Spiritualität durch fantasievolle Bräuche zu fördern, selbst wenn das bedeutet, eine Meerjungfrau in einem Sumpf zu jagen, denn als das ultimative Sternzeichen ist er sich sehr sicher, dass die Realität wirklich nicht greifbar ist.

Dieses Zeichen ist ein emotionaler Schwamm, der alles in seiner Umgebung anzieht, auch das, was auf der feinstofflichen Ebene existiert.

Mit so viel Einfühlungsvermögen sollten sich Fische, bevor sie eine neue Beziehung eingehen, Zeit nehmen, um zu überprüfen, wie sie sich wirklich fühlen, und jedes Unbehagen notieren. Wenn sich die Dinge seltsam anfühlen, ist es sehr sicher, dass sie dunkle Energien aus dem maurischen Feld der anderen Person absorbiert haben.

Wenn Fische erkennen können, woher diese Spannung kommt, fällt es ihnen leichter zu erkennen, wie die Gefühle anderer sie körperlich beeinflussen.

Das kann Ihnen helfen, sich auf die Festlegung von Trennlinien zu konzentrieren und zu vermeiden, dass Sie in Zukunft durch die Schwierigkeiten anderer belastet werden. Fische sind eine freundliche, liebevolle und reine Seele, die von Träumen, Musik und Liebe belebt wird. Ein Date mit einem Fisch ist wie ein Tauchgang in die Tiefen des großen Ozeans, es ist aufregend und geheimnisvoll.

Fische fühlen sich instinktiv zu unkonventionellen Menschen hingezogen, die im Takt ihrer eigenen Trommeln marschieren. Das bedeutet jedoch nicht, dass ihr idealer Partner ein gesellschaftlicher Außenseiter ist.

Fische bevorzugen Partner, die mit innovativen und liberalen Gemeinschaften verbunden sind.

Wenn Sie sich mit einem Fisch verabreden wollen, sollten Sie eine Oper besuchen, eine Kunstgaleriebesichtigen oder sich für einen Kunstworkshop anmelden.

Er wird von Erfahrungen beeinflusst, vor allem von solchen, die mit nicht-oralen und nicht-körperlichen Potenzen zu tun haben, und es wird bestätigt, dass jede Erfahrung mit den spirituellen Fischen eine tiefe subjektive Erkundung beinhaltet.

Im Laufe der Zeit und durch Interaktion können Sie genau herausfinden, welche Arten von Praktiken Ihr Partner dieses Zeichens tolerieren kann und welche nicht, aber zu Beginn Ihrer Verlobung sollten Sie alles Exorbitante vermeiden. Dieses scharfsinnige Wesen kann nichts Grobes tolerieren.

Mit dieser spirituellen und emotionalen Personalisierung ist die Paarung der Fische zutiefst gefühlsbetont. Dieses Tiefseewesen versteht intime Beziehungen als die Allianz zweier erhabener und rechter Seelen. Fische können ungeplanten Sex haben, ziehen es aber vor, mit jemandem zusammen zu sein, der ihnen wichtig ist, bevor sie sich so weit herablassen.

Diesem sensiblen Zeichen fällt es schwer, Grenzen zu ziehen, da es im Meer keine Grenzen gibt. Eine kausale Beziehung mit Fischen ist wie eine Reise in eine andere Galaxie, und es ist viel schwieriger, sich innerhalb einer bestehenden Beziehung auf ihre Gezeiten einzulassen.

Der Aufbau einer dauerhaften Beziehung mit Fischen ist eine Kunst, die Furchtlosigkeit, Tatkraft und Anpassungsfähigkeit erfordert. Fische leben in ihrer eigenen Realität, und so ist es kein Wunder, dass dieses verträumte Wasserzeichen ein wenig rau sein kann.

 Er macht vielleicht Pläne mit Ihnen, will ein Haus kaufen oder ein Kind bekommen, und ändert dann nach einer Weile seine Meinung. Das ist enttäuschend, aber es lohnt sich nicht, Fische mit seinem unaufrichtigen Verhalten zu konfrontieren, weil es ihm an einem emotionalen Rahmen fehlt, sein einziger Schutz ist es, wegzuschwimmen, und wenn Sie nicht wussten, dass Fische dazu neigen, beim geringsten Angriff das Schiff zu verlassen.

In einer Beziehung müssen Fische zustimmen, dass die Emotionen ihres Partners mitgeteilt werden müssen. Es mag ihm schwerfallen, etwas zuzugeben, was er nicht hören will, aber Kommunikation ist der Schlüssel, damit die Beziehung nicht verloren geht.

Wenn Sie das Gefühl haben, dass sich Ihr Fisch-Partner zurückzieht, können Sie ihn oder sie mit Musik anlocken. Es sieht nach einer einfachen Sache aus, *aber personalisiertes Material wird das Herz dieses kleinen Fisches erobern und helfen, sein oder ihr Vertrauen in die Beziehung wiederherzustellen.*

Wenn eine Beziehung jedoch den Punkt erreicht, an dem es kein Zurück mehr gibt, isolieren sich Fische im Stillen. Er zieht es vor, nicht mit dem Problem zu kämpfen, daher ist seine bevorzugte Form der Trennung oft vage und nicht endgültig.

***Fische und Widder, es** ist eine Beziehung, wo gegenseitiger Respekt geteilt wird. Obwohl, wenn das letzte Zeichen des Tierkreises verbindet sich mit dem ersten Zeichen, die Ergebnisse niemand erraten kann. Fische ist mit Wissen und Emotionen gesättigt. Widder, als Feuerzeichen, ist ängstlich, ehrlich und egoistisch.*

Das Ego des Widders schadet nicht, da es ihn motiviert, zu funktionieren, und in der Partnerschaft mit den Fischen können sich diese sehr unterschiedlichen Ideologien unverhältnismäßig anfühlen. Wenn Fische jedoch die Wildheit des Widders als Teil seiner Unschuld anerkennen können und Widder die üppige Seele der Fische verstehen kann, können sie ein effizientes Paar sein.

Fische und Stier *sind sentimental, so dass sich diese beiden Zeichen plötzlich zueinander hingezogen fühlen. Die Fische lieben Kunst und Poesie, während der Stier Essen und Wein liebt. Ihre Beziehung ist eine völlig andere Erfahrung.*

Interessanterweise sind es aber nicht die Geschmäcker, die Fische und Stier miteinander verbinden, sondern ihre Fähigkeiten, sich gegenseitig substanzielle Lektionen zu erteilen. Die Fische helfen dem greifbaren Stier, undefinierte Ideen wahrzunehmen, während der Stier die enthusiastischen Fische ermutigt, ein wenig fester an der Realität festzuhalten.

Zusammen sind diese Zeichen mehr als nur romantische Partner, sie sind die gegenseitige Inspiration.

Fische und Zwillinge sind*, abgesehen von ihren Schwierigkeiten, sich selbst zu versorgen, kompatibel. Die Fische sind fasziniert von der sozialen Meisterschaft der Zwillinge, während die Zwillinge von der mühelosen Kreativität der Fische begeistert sind. Beide veränderlichen Zeichen werden von der Doppelzüngigkeit angetrieben, Fische werden durch zwei Fische symbolisiert und Zwillinge durch Zwillinge, so dass sie ständig in entgegengesetzte Richtungen gezogen werden.*

So leicht wie sie zusammenkommen, so leicht fallen sie auch wieder auseinander. Damit die Beziehung funktioniert, müssen sich die beiden Zeichen gegenseitig unterstützen und ein echtes Engagement für dieselbe Bewegung entwickeln. Obwohl beide dazu neigen, sich zu drücken, ist das Festhalten an dieser enthusiastischen Beziehung die beste Entscheidung, die beide Zeichen treffen können.

Fische und Krebs *können sehr gut zusammenarbeiten. Fische gehören zu einer anderen Welt. Dieses Wassertier ist bekannt für seine süße Fähigkeit, herzliche Kreativität und effektive Hellsichtigkeit und zieht Energien, Auren und alles, was in den subtilen Bereichen des Lebens existiert, an. Der Krebs, ebenfalls ein Meerestier, ist die perfekte Ergänzung zu den Fischen. Die Beziehung der Fische zu diesem Wassergefährten kann angenehm und akklimatisierend sein. Der Krebs kann von den Fischen lernen, wie er seine eigenen intuitiven Fähigkeiten verfeinern kann. Natürlich können die Ereignisse von Zeit zu Zeit ein wenig aus dem Ruder laufen.*

Fische und Löwe *sind kreativ, drücken dies aber auf unterschiedliche Weise aus. Während der Löwe gerne im Mittelpunkt steht, liebt es der Fisch, komplexe Werke zu schaffen, die seine eigene Welt* *widerspiegeln. Wenn sie miteinander harmonieren, können diese beiden Zeichen als die Gottheiten des jeweils anderen fungieren und sich gegenseitig dazu inspirieren, ihre eigenen künstlerischen Fähigkeiten weiterzuentwickeln. Wasser und Feuer sind jedoch verheerend.*

Das Gefühlsmeer der Fische wird durch das Drama des Löwe s verdampft, und die Flamme des Löwe s wird durch die Emotionen der Fische gedämpft; in der Tat wird es Arbeit erfordern, damit dieses Paar Bestand hat. Beide Zeichen werden lernen müssen, ihre Prioritäten in Einklang zu bringen, aber wenn sie dazu bereit sind, kann diese Beziehung sehr anregend sein.

***Fische und Jungfrau** sind beide sensibel und mitfühlend, so dass diese Gegensätze auf einer zutiefst einfühlsamen Ebene miteinander in Beziehung treten. In dieser sanften Beziehung streben beide danach, das Beste aus dem jeweils anderen herauszuholen und so eine schöne und stabile Beziehung zu schaffen. Der logische Verstand der Jungfrau hilft den Fischen, ihre Ziele zu erreichen, während der kreative Einfallsreichtum der Fische die Jungfrau dazu inspiriert, ihren eigenen künstlerischen Ausdruck zu finden. Fische und Jungfrau können zwar von Freundlichkeit und gegenseitiger Unterstützung* *profitieren, aber es können auch Probleme entstehen, wenn diese Zeichen zu Märtyrern werden.*

Diese Zeichen sollten daran denken, dass es in Beziehungen mehr um Verantwortung als um Opfer geht. Wenn jedes Zeichen die gesamte Beziehung mit Blutvergießen verbringt, bleibt nichts zum Feiern übrig.

***Fische und Waage, das** ist eine komplexe Beziehung. Für diese beiden Zeichen kann sich ihre Begegnung wirklich, wie Liebe auf den ersten Blick anfühlen.*

Die sensiblen Fische und die nachdenkliche Waage sind von Natur aus romantisch, so dass sie plötzlich in dieses kosmische Liebeswort einfließen. Fische und Waage wollen eine erfolgreiche Beziehung führen, aber keiner von beiden weiß so recht, wie sie ihre Verbindung aufrechterhalten sollen.

Da keines der beiden Zeichen besonders überzeugend ist, ist es für diese beiden leichter, sich gegenseitig aus der Ferne zu vernichten. Fische und Waage hingegen hassen Konflikte, und wenn es gefährlich wird, laufen sie weg. Wenn Sie beide eine dauerhafte Beziehung kultivieren wollen, müssen Sie Grenzen setzen, Bedingungen festlegen und Ihre Bedürfnisse kommunizieren, auch wenn das sporadische Auseinandersetzungen bedeutet.

Fische und Skorpion, *das ist eine sehr spirituelle Beziehung. Skorpion ist eindeutig diskret, und während die anderen Zeichen Schwierigkeiten haben, ihre Privatsphäre zu akzeptieren, ist Fische glücklich, diese Grenzen zu respektieren. Fische sind von Natur aus übersinnlich begabt und brauchen Skorpion wirklich nicht, um persönliche Informationen zu teilen.*

Es gibt eine nonverbale Kommunikation zwischen ihnen. Skorpion, schätzt dies und kann Fische lehren, wie man für seine Bedürfnisse zu befürworten. Fische brauchen viel Raum, um zu forschen, und Skorpion neigt dazu, besitzergreifend zu sein, diese beiden müssen einen Rhythmus finden. Letzten Endes sind Fische und Skorpion ein verantwortungsbewusstes und einmalig schönes Paar.

Fische und Schütze *verstehen sich auf Anhieb, denn beide sind Wanderer, obwohl sie als Wasser- und Feuerzeichen dementsprechend unterschiedliche Bereiche untersuchen.*

Wenn sie zusammenkommen, versorgen sie sich gegenseitig mit wichtigen Details über ihre charakteristischen Bereiche. Fische und Schütze erleuchten sich gegenseitig, indem sie gegenseitige Werte pflegen. Sie könnten jedoch Schwierigkeiten haben, lange zusammenzubleiben. Die Fische brauchen Wasser, um ihre Spannung aufrechtzuerhalten, und der Schütze braucht eine stabile Umgebung, um sein Feuer am Brennen zu halten. Damit eine romantische Beziehung zwischen Fische und Schütze Bestand hat, müssen sie ihre Distanz anerkennen und sich gegenseitig die Freiheit geben, sich zu bewegen.

Fische und Steinbock sind dementsprechend Wasser- und Erdzeichen und leben in glücklicher Harmonie. Die Beziehung kann ein wenig düster werden, da Fische sehr emotional und sensibel sind, während Steinböcke hauptsächlich von der greifbaren Welt genährt werden.

In den meisten Fällen sind diese Unterschiede inspirierend, aber Fische können sich durch die Härte des Steinbocks erdrückt fühlen, und Steinbock kann durch die fehlende Erdung der Fische entmutigt werden.

Glücklicherweise können sie sich auf dieselbe Seite schlagen, da Fische mit ihrer Kreativität kooperieren können, und Steinbock kann den Rahmen bieten, der den Fischen hilft, ihre Träume zu verwirklichen.

Fische und Wassermann, die letzten beiden Tierkreiszeichen, bilden ein attraktives Paar. Wenn *die wirksame Energie der Luft des Wassermanns mit dem überschwänglichen Wasser der Fische verschmilzt, sind Taifune zu erwarten. Sie bilden jedoch ein dynamisches Paar, da beide Zeichen von der Erforschung der Geheimnisse des Lebens beeindruckt sind, und obwohl der Wassermann mit der Wissenschaft und die Fische mit der Spiritualität verbunden sind, haben beide eine tiefe Wertschätzung für die Ansätze des anderen.*

Die beiden können sich gegenseitig ablenken, indem sie mit ihren komplexen Theorien und spekulativen Ideologien zusammenarbeiten. Auch wenn es für Fische und Wassermann schwierig sein mag, die Strudel zu überwinden, können sie ein ausgezeichnetes Team sein.

Fische und Fische, *das ist kein Paar, das ist ein Fischglas. Sie sind romantisch, idyllisch und sensibel, so dass diese Beziehung auf Zartheit und Kreativität basiert.*

Weil Fische so übersinnlich sind, könnte diese Beziehung sogar karmisch sein. Es ist eine Beziehung aus anderen Lebenszeiten. Aber im Meer gibt es keine Grenzen, und so ist es auch für diese beiden schwierig, ihre romantische Ähnlichkeit zu definieren.

Wenn sie dies jedoch tun, kann die Verbindung zu emotional verstrickt werden, und es ist nur allzu leicht, dass diese Fische voneinander abhängig und damit destruktiv werden. Wenn sie eine gesunde Beziehung aufbauen wollen, müssen sie herausfinden, wie sie einen kompakten Überbau um ihre rohe Sentimentalität herum aufbauen können. Vor allem aber müssen beide lernen, ein Gleichgewicht zwischen Selbstfürsorge und gegenseitiger Fürsorge zu finden.

Fische und Berufung

Fische sind ein Zeichen, das in einer von Kreativität geprägten Umgebung glänzt. Materieller Reichtum und sozialer Status bedeuten den Fischen absolut nichts.

Das heißt nicht, dass er den Wert materieller Güter nicht erkennt, aber Fische leben nicht mit dem Gedanken an das, was sie nicht besitzen.

Sie ist sanft, und was zählt, ist Respekt.

Beste Berufe

Fische sind mitfühlend, kreativ und künstlerisch. Das Symbol der Fische ist ein Fisch oben und ein anderer Fisch unten. Dies zeigt, dass Fische oft zwei verschiedene Existenzen gleichzeitig leben. Anthropologe, Philanthrop, Psychologe, Tierarzt und Autor von Science-Fiction-Romanen.

Zeichen, mit denen man keine Geschäfte machen sollte

Mit Widdern, Zwillingen und Wassermännern sollten Sie keine Geschäfte machen. Diese Zeichen können Sie in den Ruin treiben.

Zeichen, die in Verbindung gebracht werden mit

Sie können sich mit Löwen, Krebs und Schütze zusammentun, mit denen Sie sehr erfolgreiche Geschäfte abschließen und Ihre Taschen mit Geld füllen können.

Geld-Rituale

Germanisches Ritual, um Kredit zu bekommen.

Für die Wirksamkeit ist es am besten, sie an einem Mittwoch oder Freitag durchzuführen.

- Die Karte des Unternehmens, das Ihnen den Kredit oder das Darlehen gewähren soll (wenn Sie sie nicht haben, unterschreiben Sie den Namen des Unternehmens und den Betrag, den Sie beantragen, auf einem grünen Zettel).

- 1 Messerspitze Honig

- 5 Citrin-Quarz

- 1 Zimtstange

- 1 grüne Pyramidenkerze

 -1 Zimt-Weihrauch

- 1 Steingutbehälter

- 1 Stück goldenes Tuch.

- 1 goldenes Band

Sie zünden das Räucherstäbchen an und halten es über die Karte oder das Papier des Unternehmens, das Ihnen Kredit gewähren soll.

Lege das Papier oder die Karte in das Gefäß und füge die Zitrusfrüchte hinzu. Gieße den Honig und die Zimtstange hinein und bedecke das Gefäß mit dem goldenen Tuch, dass du mit dem Band mit fünf Knoten zusammenbindest.

Dann zündest du die grüne Kerze in Form einer Pyramide an und wirfst die Reste weg, wenn sie verbrannt ist. Das Gefäß sollte an einem dunklen Ort versteckt werden, an dem niemand Zugang dazu hat.

Ritual zur Umsatzvervielfachung.

Sie benötigen:

- Zwiebelpulver

- Zimtpulver

- Zitronenschale, gerieben.

- *Meersalz*

- *Gemahlene Minze*

- *Bierhefe.*

- *Knoblauchpulver*

- *Gestreifte Grapefruitschalen*

Mischen Sie alle diese Zutaten in einem Mörser und Stößel. Jeden Donnerstag zur Stunde des Planeten Venus oder der Sonne bestreuen Sie alle Ecken Ihres Unternehmens mit diesem magischen Pulver.

Sie legen das Pulver auf die Verkaufsregale, auf die Eingangstür und auf die Registrierkasse.

Der Feng-Shui-Wohlstandsfrosch.

Dieser Frosch sollte in der Nähe des Hauseingangs platziert werden und nach innen gerichtet sein. Für Geschäftsleute ist es besser, ihn im Reichtum zu platzieren. Man sollte ihn nie im Schlafzimmer, in der Küche oder im Badezimmer aufbewahren. Lassen Sie es nie auf dem Fußboden oder auf dem Boden liegen. Man sollte ihn auf etwas Rotes stellen. Wenn Sie den Frosch mit dem Rubin kaufen, achten Sie darauf, dass die Seite nach oben (und niemals nach unten) zeigt, wenn Sie ihn in das Maul des Frosches stecken.

Wenn Sie eine Münze mit chinesischer Schrift auf der einen und Symbolen auf der anderen Seite kaufen, achten Sie darauf, dass die Seite mit den chinesischen Symbolen nach oben zeigt, wenn Sie die Münze in den Mund des Frosches stecken. Es wird empfohlen, dass Sie insgesamt neun Frösche in Ihrem Haus haben. Platzieren Sie sie unauffällig und in verschiedenen Richtungen.

Die magische Kerze.

Sie benötigen:

- 1 Blatt Papier

- 1 grüner Bleistift

- 1 Päckchen Papierkartusche

- Weißer Porzellanteller

- Goldfarbene Kerze

- Grüne Holzkiste

Du musst diesen Zauber an einem Montag oder Donnerstag zur Zeit des Planeten Venus durchführen.

Schreibe auf den Zettel, wie viel Geld du brauchst. Falten Sie diesen Zettel in drei Teile und legen Sie ihn in die Tüte, die Sie auf den Porzellanteller stellen.

Zünde die goldene Kerze an und stelle sie oben auf den Beutel. Lass die Kerze ausbrennen und lege die Überreste in die Holzkiste und bewahre sie an einem geheimen Ort auf.

Zauberwatte für den Überfluss.

Sie benötigen:

- 1 Glasschale

- 1 Schein eines beliebigen Wertes

- 1 Beutel mit Baumwolle

- Brauner Zucker

- Honig

Füllen Sie die Kristallschale mit Honig, legen Sie den Geldschein in die Mitte und bedecken Sie ihn mit Zucker. Legen Sie alles in den Baumwollbeutel und vergraben Sie ihn in Ihrem Garten oder in einem Park, während Sie ihn vergraben, sollten Sie in Gedanken wiederholen: "Überfluss kommt zu mir, ich erhalte Geld aus unerwarteten Quellen, ich bin wohlhabend, Geld fließt mir aus vielen Quellen zu". Achten Sie darauf, dass es ein Ort ist, an dem niemand es ausgraben kann.

Ritual des Lottogewinns.

Sie benötigen:

- 1 goldene Kerze

- 1 Zweig Lorbeerblatt

- Meersalz

- 1 Glas Vollmond-, Regen- oder Eklipse-Wasser

- 1 Weihrauch Jasmin

- 2 Pyrit-Steine

- 1 Lotterie- oder Tombola schein, der kein Gewinnschein ist

- 5 Münzen

- 5 Banknoten als gesetzliches Zahlungsmittel

Dieser Zauber ist am wirksamsten, wenn Sie ihn an einem Donnerstag oder Sonntag durchführen.

Stelle das Wasserglas auf einen Tisch zu deiner Linken, zünde die Kerze und den Weihrauch an und stelle sie in die Mitte. Lege den Schwefelkies auf die rechte Seite. Machen Sie einen Kreis mit dem Meersalz, in dem die oben genannten Zutaten enthalten sind. Mit der Flamme der Kerze verbrennen Sie den Lottoschein, und während Sie diesen Vorgang durchführen, wiederholen Sie dreimal das Folgende: "Das Unglück entfernt sich von meinem Leben".

Legen Sie den Rosmarinzweig in das Glas mit dem heiligen Wasser und wiederholen Sie im Geiste fünfmal: "Ich bekomme meinen Preis und mein Glück". Nimm die Geldscheine und Münzen und lege sie neben den Schwefelkies.

Wenn die Kerze ausgebrannt ist, können Sie alles in den Müll werfen, außer den Pyriten, die Sie in Ihrem Garten oder in einem Blumentopf vergraben. Die Scheine und Münzen werden unter Ihrer Matratze aufbewahrt, bis Sie sich entscheiden, sie zum Kauf eines Lotterieloses zu verwenden.

Wohlstands Pentakel.

Sie benötigen:

- 1 goldene Kerze

- 3 Orangen (Obst)

- 3 Sonnenblumen

- 5 Münzen des allgemeinen Gebrauchs

- Zimtöl

- 5 Malachit

- 1 Banknote als gesetzliches Zahlungsmittel

Zeichne ein Pentagramm mit dem Zimtöl, lege eine Münze und einen Malachit auf jeden Punkt des Sterns.

In der Mitte platzierst du den verlängerten Geldschein und darauf die Orangen, die ein Dreieck bilden.

Du zündest die Kerze an und hältst die linke Handfläche über die Flamme, um laut zu wiederholen: "Feuer des Wohlstands, Pentagramm des Erfolgs, bringe Reichtum in mein Leben". Während du dies mit deiner rechten Hand sagst, wirst du die Blütenblätter um das Pentagramm. Wenn die Kerze ausgebrannt ist, können Sie alles wegwerfen, außer dem Malachit, den Sie in der Wohlstandsecke Ihrer Wohnung verstecken werden. Die Rechnung und die Münzen müssen Sie werfen sie am Eingang eines sehr wohlhabenden Unternehmens.

Regenwasser-Ritual für Geld.

In einem Kristallbecher sammelt man Regenwasser, in den Becher schüttet man fünf Münzen, fünf Citrine, fünf weiße Quarze, fünf Malachite, fünf Pyrite und fünf Amethyste. Diese Tasse sollte an einem hoch gelegenen Ort in Ihrem Geschäft oder zuhause aufgestellt werden. Wenn das Wasser verdunstet, kannst du ihn wieder auffüllen.

Ritual zur Vertreibung der Armut.

Sie benötigen:

- 1 Glasschale

- 1 große gelbe Kerze

- Schale einer Knoblauchzehe

- 11 gebräuchliche Münzen

- 1 neue Nähnadel

- 1 neue Schere

Schreibe auf die gelbe Kerze, beginnend an der Basis, deinen vollen Namen und elfmal das Geldsymbol ($). Zünde sie an und stelle sie auf die Glasplatte. Legen Sie die Münzen und die Schalen der Knoblauchzehe um die Kerze herum. Während Sie diesen Vorgang durchführen, wiederholen Sie in Gedanken: "Ich danke dir für all den Reichtum, der sich bereits auf dem Weg in mein Leben befindet, ich glaube an die Fülle, und ich beseitige alle Blockaden der Armut". Wenn die Kerze verbraucht ist, können Sie die Reste und die Münzen, die Sie ausgeben können, wegwerfen.

Ritual zur Begleichung einer Schuld.

Dieses Ritual ist am effektivsten, wenn Sie es an einem Donnerstag oder Freitag zur Zeit des Planeten Venus oder der Sonne durchführen.

Sie benötigen:

- 1 Perlenkette

-1 Stück rotes Tuch

- 1 Amethyst

-1 Flussstein

- 1 Glas mit frischer Kuh- oder Ziegenmilch

Breiten Sie das rote Tuch auf einem Tisch aus, legen Sie die Halskette in Form eines Kreises und stellen Sie in die Mitte die Tasse mit der Milch, in die Sie zuvor den Amethyst und den Flussstein gelegt haben müssen.

Wenn du vor diesem Kelch stehst, wiederhole in deinem Geist: "Alle Schulden sind aus meinem Leben verschwunden, ich bin von der Sklaverei der Schulden befreit".

Lass es 24 Stunden lang so stehen. Am nächsten Tag die Milch wegwerfen und die Halskette, den Amethyst und die Steine in einer Handtasche verstecken, die du nicht benutzt.

Zauberspruch mit Kokosnüssen, um Geld zu bekommen.

Sie benötigen:

- 3 ganze Kokosnüsse

- 1 Glas mit Regenwasser oder Mondwasser

- 1 weiße Kerze

An einem Freitagabend vor dem Schlafengehen legst du die drei Kokosnüsse neben dein Bett, auf Höhe deines Kopfes. Daneben stellst du das Glas mit dem heiligen Wasser und die brennende weiße Kerze.

Am nächsten Morgen, wenn du aufstehst, gießt du das Wasser vor deinem Haus aus. Hebe die Kokosnüsse eine nach der anderen auf und streiche sie mit der linken Hand über deinen Körper.

Wiederholen Sie während dieses Vorgangs im Geiste: "Ich bin ein Magnet und ziehe ständig Fülle und Wohlstand an".

Die besten Länder und Städte zum Leben

Länder: Sambia, Jemen, Vietnam, Venezuela, Portugal, Uruguay und Ägypten, Samoa.

Die Städte: Sahara-Wüste, Jerusalem, Alexandria, Sevilla, Santiago de Compostela, Bournemouth, Southport.

Räucherstäbchen und ätherische Öle für Geld

Weihrauch und ätherisches Pfefferminzöl, erfrischt die Räume und reinigt auf diese Weise die mit schlechten Energien belasteten Umgebungen.

Pflanzen für Geld

Kamille*: wird seit der Antike aufgrund ihrer tausendfachen Eigenschaften und Vorteile verwendet. Sie wird verwendet, um negative Dinge zu beseitigen und so Fülle anzuziehen.*

Quarz für Geld

Jade: *Weil sie grün ist wie Geld, ist sie mit Überfluss verbunden.*

Er ist ein kraftvoller Stein, der in vielen Kulturen, insbesondere im Osten, verwendet wird.

Es heißt, er sei der mächtigste Stein, um Geld und Wohlstand im Geschäft anzuziehen. Verkäufern wird empfohlen, immer einen Stein in der Nähe der Kasse oder an dem Ort aufzubewahren, an dem sie das Geld aufbewahren.

Geld-Anhänger

Die Pentakel des Jupiters, die Ihnen Wohlstand garantieren.

Pentakel sind magische Figuren, die in der Lage sind, positive Energien an ihre Umgebung weiterzugeben. Die Wirkung der Jupiter-Pentakel ergibt sich aus der Kombination von Buchstaben, Zeichen und nützlichen Formeln, sie symbolisieren grafisch und mystisch einen Wunsch. Sie wirken eindeutig auf die Psyche der Menschen, die mit ihm visuellen Kontakt haben.

Die umfangreichste Zusammenstellung von Pentakel findet sich in The Claviculae of King Solomon, einem Band der hohen Magie, der diesem biblischen König zugeschrieben wird.

Darin befinden sich 36 Pentakel, die verschiedenen Aufgaben haben, darunter auch die sieben Pentakel des Jupiters.

Pentakel für Wohlstand.

Der Zweck dieser Pentakel ist es, für Fülle zu sorgen, Konflikte im Zusammenhang mit der Arbeit zu lösen und dabei zu helfen, alle Arten von Vorteilen, die größeren Wohlstand garantieren, direkter zu erhalten.

Jupiter, der so genannte große Wohltäter in der Astrologie, ist ein Planet, der mit Expansion, Optimismus, Verbindungen zu mächtigen Menschen und der Fähigkeit, Glück zu machen, in Verbindung gebracht wird.

Du solltest sie mit großer Konzentration und mit der Absicht zeichnen, dass sie deinen Willen manifestieren.

Das geeignetste Material ist ein Stück Pergament. Wenn sie fertig sind, sollten sie an einer gut sichtbaren Stelle aufgehängt werden, z. B. an der Kasse oder in der Brieftasche (Sie können sie auch ausdrucken).

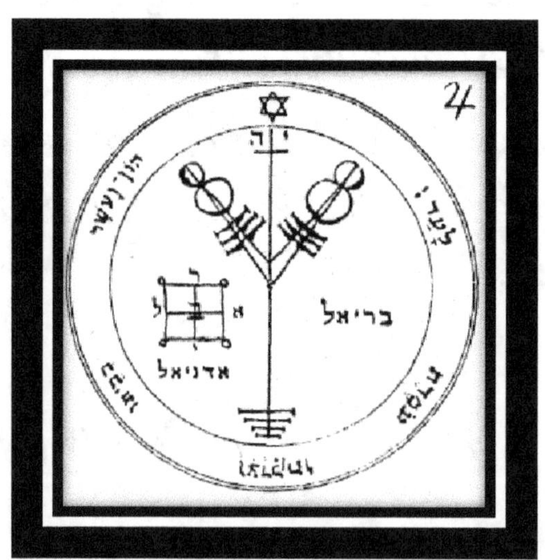

Affirmationen, um Geld zu erhalten

Sie sollten diese Dekrete 21 Tage lang durchführen, damit Sie die Ergebnisse sehen können, wenn möglich dreimal täglich. Wenn du sie laut wiederholst, werden sie noch kraftvoller sein.

- *Ich bin die göttliche Weisheit, die auf intelligente Weise alle Existenz gestaltet. Ich gehe sicher durch die Fülle. Ich sehe mich selbst im Wohlstand.*
- *Ich habe die Macht, mir meine eigene Welt zu schaffen. Meine Träume werden wahr, weil ich an ihnen festhalte. Alles, was ich mir vornehme, erreiche ich auch.*

Ferien

Urlaub ist sowohl körperlich als auch geistig gesund. Es ist erwiesen, dass ein Urlaub das Stressniveau senkt und das Immunsystem stärkt. Manchmal verursacht die Urlaubsplanung Stress, weil es unendlich viele Möglichkeiten gibt und die Entscheidung zu einer Schimäre haften Aufgabe wird.

Mit Hilfe der Astrologie lässt sich aus dem Verständnis Ihrer Persönlichkeit der ideale Urlaubsort für Sie ableiten.

__Widder__, ein All-inclusive-Resort mit sportlichen Aktivitäten im Freien an einem warmen Ort wie Punta Cana, Cancún oder den Turks- und Caicosinseln wäre ideal. Australien ist ein aufregendes Land, das eine Fülle von Emotionen bietet, die Ihr Herz höherschlagen lassen.

__Stier__, ein Aufenthalt in einem luxuriösen Resort auf den Cayman-Inseln oder ein luxuriöser Urlaub in Dubai, in einem Hotel, das alle Annehmlichkeiten bietet, wird sehr verlockend sein. Italien ist ein perfektes Land, denn dort finden Sie alles, wovon Sie schon immer geträumt haben: Liebe, Charme, Luxus, wunderbares Essen und erstklassige Weine.

Zwillinge *lieben es, sich intellektuell zu beschäftigen. Reisen mit geführten Ausflügen wie eine Safari in Afrika oder die Erforschung der Tierwelt auf den Galapagos-Inseln bieten dem Tierkreis-Kommunikator ein luxuriöses Erlebnis.*

Krebs*, Kurztrips, umgeben von Familie und Freunden. Disney World, die Attraktionen und das vielfältige Angebot an Speisen sind eine Möglichkeit. In Orlando, Florida, gibt es mehrere fantastische Hotels und Resorts, jedes mit einem einzigartigen und faszinierenden Thema.*

Ein Aufenthalt in einem Bungalow über dem Meer in Tahiti ist für dieses Sternzeichen fantastisch. Eine andere luxuriöse Alternative, die der Löwe liebt, wäre eine private tropische Insel auf den Malediven, den Fidschi-Inseln oder den Jungferninseln zu mieten.

Jungfrau*, Italien ist Ihre beste Wahl. Dieses Land wird Sie gut beschäftigen. Als Erdzeichen sind Sie mit der Welt um Sie herum verbunden. Orte wie La Romana in der Dominikanischen Republik, Puerto Viejo in Costa Rica und Belo Horizonte in Brasilien werden Ihnen Leben einhauchen.*

Waage, *ziehe Städte mit Museen vor. Ein Urlaub in den Tropen ist für die Waage nicht so befriedigend wie eine Besichtigung des Louvre in Paris, des Akropolis-Museums in Athen, Griechenland, des Prado-Museums in Madrid, Spanien oder der Uffizien in Florenz, Italien.*

Skorpion, *verbringen Sie ein paar Tage an einem abgelegenen Strand mit Alkohol und Massagen. In Griechenland, Bali, St. Martin oder Hawaii finden Sie all diese Annehmlichkeiten. Der Besuch von Kulturstätten in der Nähe Ihres Luxushotels wäre eine außergewöhnliche Kombination aus Tropen- und Kultururlaub. Mykonos und Roda in Griechenland sind perfekte Reiseziele.*

Schütze, *erkunde den Jakobsweg, ein Netz ganz unterschiedlicher Pfade, die alle zur Stadt Santiago de Compostela führen. Jeder Weg hat seine Geschichte, sein Erbe und seine Magie. Der Schütze ist ein Reisender, der sich nach neuen Erfahrungen sehnt. In Irland werden Sie alles finden, was Sie suchen.*

Steinbock, *ein zielstrebiges Zeichen. Ferien, in denen Sie neue Geschäftsbeziehungen knüpfen können. China wäre spektakulär. Steinbock hat einen Sinn für* *historische Werte, den andere Zeichen nicht haben. In Ländern wie Israel und Ägypten, wo die Geschichte präsent ist, werden Sie sich zu Hause fühlen.*

Der Wassermann *liebt innovative Ideen, unbekannte Orte und neue Beziehungen. Ein fantastisches Land für einen Besuch wäre Japan, nicht nur wegen seiner faszinierenden Geschichte und Kultur, sondern auch, weil jede seiner Regionen etwas anderes zu bieten hat.*

Fische*, ein Wasserzeichen, das sich über tropische Urlaube freut. Ein Hotel direkt am Strand wäre ideal. Die Insel "La Dique" in der Republik der Seychellen, der schönste Strand der Welt, wird ein sicherer Erfolg sein. Fische haben eine ruhige Lebenseinstellung und werden von Neptun regiert, was Sie zu einem kreativen Denker macht. Schweden ist ein Land, das er besuchen sollte, weil er dort eine Kultur vorfindet, die so innovativ ist wie er selbst.*

Wer ist dein Seelenverwandter nach deinem Sternzeichen?

Wenn wir den Begriff "Seelenverwandte" hören, denken wir in der Regel an die Mitglieder eines Paares, d. h. an jemanden, mit dem man eine starke gefühlsmäßige und sexuelle Verbindung hat. Echte Seelenverwandte haben jedoch nicht immer eine solche Beziehung zueinander und sind oft nicht einmal an dem sexuellen Aspekt einer Beziehung interessiert.

Ihr Seelenverwandter kann nicht nur Ihr Partner sein, sondern auch Ihre Eltern, Freunde, Kinder, Großeltern, Ihr Chef oder Ihre Schwester.

Aus astrologischer Sicht und in Anbetracht der Tatsache, dass die Lektionen, die wir lernen müssen, bevor wir die nächste spirituelle Ebene erreichen, diejenigen sind, die die Art der affektiven Beziehungen bestimmen, die wir heute im Leben entwickeln müssen, können wir sagen, dass Krebs und Fische Seelenverwandte des Widders sind.

Mit Krebs und Fische kann der Widder sich nicht nur besser konzentrieren und Konflikte gewaltfrei lösen, sondern auch Empathie entwickeln, d. h. die Fähigkeit, sich in den anderen hineinzuversetzen und zu lernen, zu teilen.

 Diese beiden Zeichen mögen keine Konflikte, und wenn sie doch entstehen, ziehen sie den Dialog jeder Episode von Brutalität vor.

Der Widder kann dem Krebs und den Fischen beibringen, nicht auf die Zustimmung anderer angewiesen zu sein, risikofreudiger zu sein und nicht zu versuchen, es allen recht zu machen, d.h. durchsetzungsfähiger zu sein.

Der sinnliche Stier, Feind des Wandels und Verwandter der Trägheit, hat als Seelenverwandte Schütze und Zwillinge, zwei Zeichen, die wissen, dass das Leben eine faszinierende Reise ist, aber keine statische Reise.

 Sie können dem Stier beibringen, dass er nicht aus Angst vor Ungewissheit dortbleiben muss, wo er nicht mehr sein muss, und dass es immer bestimmte Situationen oder Umstände geben wird, die eintreten werden, ohne dass wir sie erwarten und ohne dass wir die Macht haben, sie zu ändern. Der Stier hat diesen Zeichen auch viel zu lehren.

Lektionen über Willenskraft, Verpflichtungen gegenüber anderen, Engagement für das, was sie tun, und Beharrlichkeit, ohne Eile oder Langsamkeit, bis zum Ende durchzuhalten. Prinzipien zu haben und klug zu sein.

Der Löwe kann mit seinen Seelenverwandten, die der Waage und dem Wassermann angehören, eine Menge Karma ausgleichen.

Ein Löwe kann aus Eitelkeit auf einer falschen Idee oder Überzeugung beharren; Waage und Wassermann wissen, dass hinter einer egozentrischen Person ein geringes Selbstwertgefühl steht.

Die Waage lehrt den Löwen Gleichmut und Toleranz, Argumentation und Diplomatie, um eine reibungslose Kommunikation zu gewährleisten. Wassermann, das gegenüberliegende Zeichen von Löwen, ausgestattet mit einem objektiven und fairen Urteil, da sie nie von Vorurteilen beeinflusst werden, wird Löwe lehren, die Herzen der Menschen zu sehen, ihre Schulter anzubieten und mitfühlende Worte in Zeiten der Not zu geben.

Der Löwe zögert nie, wenn er Entscheidungen trifft, und wenn doch, dann manifestiert er sie nicht, etwas, das die Waage praktizieren sollte.

Treue ist ein Markenzeichen des Löwen, etwas, das der Wassermann nicht kennt, und die kleinen Löwen können ihm moralische Lektionen erteilen.

Die Jungfrau, die wegen ihrer immensen Angst vor dem Scheitern als Perfektionist bekannt ist, hat Skorpion und Steinbock als Seelenverwandte. Jungfrauen sind gerne streng in ihren Entscheidungen und haben einen Prototyp in jedem Aspekt ihres

Lebens. Diese Selektivität hält sie davon ab, der Bewegung des Lebens zu folgen.

Die Jungfrau wird ein ganzes Projekt in der Luft zerreißen, wenn sie das Gefühl hat, dass es von Anfang an nicht perfekt war, was ein Steinbock niemals tun würde, da ihr Weitblick sie erkennen lässt, dass es immer Alternativen gibt, ohne von vorne anfangen zu müssen.

Der Steinbock ist ein Zeichen, das sich seines eigenen Raumes sicher ist, er trifft keine sinnlosen Entscheidungen, wie es die Jungfrau manchmal tut.

Andererseits kann der Skorpion das Schlimmste abmildern und das Beste der Jungfrau verstärken. Skorpion und Jungfrau haben eine praktische Herangehensweise an das Leben; allerdings ist der Skorpion viel lebensfroher als die Jungfrau. Der Skorpion bringt die Entschlossenheit mit, die der Jungfrau fehlt, und die Jungfrau bringt Kontrolle und Rationalität in den enthusiastischen Skorpion.

Die Jungfrau wird den Steinbock an seiner Seite angenehmer und spielerischer machen und ihn von der übermäßigen Ernsthaftigkeit, die er oft an den Tag legt, isolieren.

Der Wahnsinn

Der Wahnsinn hat sich im Laufe der Geschichte als eine obskure, rätselhafte und widersprüchliche Wahrheit erwiesen. Er hat uns Angst gemacht, wir haben ihn ignoriert und sogar akzeptiert, und infolgedessen wurden die Menschen, die unter ihm litten, abgelehnt, eliminiert und geehrt.

Jedes Verhalten, das nicht mit unserem Verstand übereinstimmt, ist nicht unbedingt ein Akt des Wahnsinns, sondern eine einzigartige Vorgehensweise.

Es ist ein Fehler, wenn wir, wenn wir uns von den Handlungen oder Dummheiten anderer betroffen oder verärgert fühlen, diese verbannen, denn das macht uns nicht vernünftiger, ausgeglichener oder vollkommener, sondern macht uns genauso verrückt.

Die Definition des Wahnsinns ist ebenso komplex wie die der Vernunft, aber alle Tierkreiszeichen haben ihren Grad an Wahnsinn.

*****Krebs**: Sie sind temperamentvoll. Dies führt dazu, dass sie von außen betrachtet eine unverständliche Persönlichkeit haben. Die Popularität der Verrückten beruht auf ihrem widersprüchlichen Charakter, der die Menschen um sie herum manchmal verstört.*

Skorpion: *Sie brauchen Veränderung, um glücklich zu sein, sie können verrückte Dinge tun, nur um etwas Action zu erzeugen. Für sie ist es normal, einen Ausbruch zu haben, denn sie sind süchtig nach Veränderung und Aufregung.*

Fische: *Es ist für sie unmöglich, dich nicht mit ihrem Wahnsinn anzustecken. Ihre Instabilität und ihr Ungleichgewicht stören die Menschen um sie herum. Sie sehen alles rosig, was dazu führt, dass sie als verrückt bezeichnet werden, weil sie immer auf einer Wolke schweben.*

Zwillinge: *Er ist berühmt für seine Dualität. Sie sind manchmal in Konflikt mit sich selbst. Sie lieben Herausforderungen, die Gefahren mit sich bringen. Sie lieben es, improvisierte Abenteuer zu planen und sind immer bereit, die Grenzen des maximalen Wahnsinns zu überschreiten.*

Löwe: *Wenn sich das Feuer in ihrem Kopf festsetzt, denken sie, dass alles, was ihr Leben umgibt, dringender ist als alles andere. Sie sind extravagant und haben Einstellungen, die für andere als verrückt* gelten. Sie können Dinge tun, die ein vernünftiger Mensch niemals tun würde.

Widder: Sie verärgern sich selbst und alle um sie herum. Sie sind stur und wollen in allem der Erste sein, auch wenn sie dafür verrückte Dinge tun müssen. Sie wissen nicht, wie man es zurückzunehmen, etwas, das sie zu irrationalen Handlungen führt.

Wassermann: Ein rebellisches und freies Zeichen, das sich nicht im Geringsten um die Meinung kümmert, die man über sie hat. Sie handeln auf eine kapriziöse Art und Weise, mit verrückten Einstellungen, die die Paradigmen brechen.

Schütze: Er ist lustig, aber gewalttätig mit seinem Wunsch nach Aktion. Sie wissen nicht, wie man die Folgen ihres Handelns zu messen, etwas, das viele als Wahnsinn. Es ist nicht verwunderlich, sie völlig ungezügelt zu sehen, die Überquerung des Terrains der Verantwortungslosigkeit.

Waage: Sie sehnen sich nach Glück und Harmonie, und um das zu erreichen, sind sie bereit, alles Verrückte zu tun. Sie sind instabil, und das führt sie dazu, ihre Verpflichtungen zu brechen, etwas, das viele für verrückt halten.

Jungfrau: *Sie gehen bis zum Äußersten und werden obsessiv. Sie haben eine Vision von dem, was sie wollen, in Stein gemeißelt, niemand kann ihnen Ratschläge geben, sie lassen sich nicht leiten. Wenn sie nicht zuhören, begehen sie verschiedene Dummheiten.*

Stier*: Wenn ihnen eine Idee in den Sinn kommt, gibt es niemanden, der sie vertreibt, und sie begehen sogar verrückte Dinge, um ihre Hypothese zu untermauern. Versuchen Sie, ihre Geduld zu bewerten, und Sie werden entdecken, wie weit ihre Verrücktheit geht.*

Steinbock: *Er vergisst absolut nichts, nicht verzeihen und noch viel weniger, vergisst, wenn Sie etwas falsch machen, keine Sorge, weil er Sie ein Leben lang daran erinnern, um Sie völlig verrückt zu machen. Steinbock ist wahnsinnig obsessiv über die Kontrolle.*

Die Psychologie hinter der Lotterie .

Lotteriespiele sind auf der ganzen Welt sehr beliebt.

Wir alle haben den unmöglichen Traum, im Lotto zu gewinnen, denn die Illusion, durch einen Glücksfall Millionär zu werden, auch wenn die Chancen minimal sind, ist der Hauptgrund, warum Menschen spielen.

Die Spieler nehmen wahr, dass die Kosten für das Lotterielos im Verhältnis zu den Gewinnen, die sie im Falle eines Gewinns erzielen würden, verschwindend gering sind. Wir nehmen Risiken immer emotional wahr, und wenn sie uns Freude bereiten, neigen wir dazu, das Risiko als unbedeutend zu betrachten und das Gefühl der Gefahr zu neutralisieren, indem wir uns nur auf die Vorteile konzentrieren.

Die Spieler sehen in der Lotterie eine einmalige Gelegenheit, mit geringem Geldeinsatz und geringem Risiko einen Gewinn zu erzielen.

Spiele haben sowohl traditionelle als auch abergläubische Aspekte. Manche Menschen spielen immer dieselben Zahlen, weil sie ihre Lieblingszahlen sind, weil sie sie mit einem wichtigen Datum in Verbindung bringen oder weil sie sie geträumt haben.

Andere spielen zu einer bestimmten Zeit, an einem bestimmten Tag oder an einem bestimmten Ort. Wenn wir denken, dass wir die Kontrolle haben, fühlen wir uns zuversichtlich, denn wenn wir die Zahlen selbst auswählen, anstatt nach dem Zufallsprinzip zu spielen, obwohl die Chancen, richtig zu liegen, die gleichen sind, haben wir den Eindruck, dass wir das Schicksal kontrollieren und dass die Chancen zu unseren Gunsten stehen.

Es gibt Leute, die nur zum Spaß spielen, in diesen Fällen geht die Lotterie über die wirtschaftlichen Kosten hinaus und wird zu einem Spaß, der belebt wird, wenn sie sich ausmalen, was sie mit dem Geld, das sie erwerben würden, alles machen könnten.

Es gibt fünf psychologische Beschreibungen der einzelnen Lottospieler:

Der Abenteurer, der von Spielen um große Geldsummen, von Spekulationen mit Zufallszahlen und mit geplanten Zahlen verzaubert ist.

Der Konkurrent, der darauf besteht, durch Glücksspiele zu zeigen, dass er auf Sieg wettet.

Der Gierige, der dem Glücksspiel keine Grenzen setzt und sich nicht scheut, beim Wetten Risiken einzugehen.

Der Taktiker, der niemals riskant spielt, sucht nach Taktiken, Strategien und numerischen Sets, wenn er die Zahlen spielt.

Der abergläubische Mensch, _der immer die gleichen Zahlenkombinationen spielt, verwendet Talismane, Rituale oder kauft seine Lose an einem bestimmten Datum und Ort._

Gibt es einen Trick oder eine Formel, um im Lotto zu gewinnen?

Diese Frage ist noch immer unbeantwortet. Viele spekulieren und behaupten, dass es wahrscheinlicher ist, vom Blitz getroffen zu werden, bevor man im Lotto gewinnt. Andere wiederum studieren die Chancen mit großer Ausdauer und Raffinesse.

Das Lottospiel oder jedes andere Glücksspiel, wenn es mit Bedacht betrieben wird, ist ein billiger Weg, um Illusionen und Vertrauen in die Zukunft zu kaufen. Kompliziert wird es, wenn die Person ihren Spieltrieb nicht kontrollieren kann, so dass eine Spielsucht entsteht und sie in die Spielsucht verfällt.

Ein Spielsüchtiger ist ein Mensch, dem das Glücksspiel große Schwierigkeiten bei der Arbeit und in seinen familiären Beziehungen bereitet, da Verluste ihn dazu verleiten, größere Geldbeträge zu verspielen, um das verlorene Geld zurückzugewinnen. Dies wird zu einem Teufelskreis, der nur durch eine psychotherapeutische Behandlung gelöst werden kann.

Das beste Geschenk für Tierkreiszeichen zu Weihnachten.

Geschenke zu machen ist ein universelles Mittel, um zu zeigen, dass uns jemand wichtig ist und wir ihn schätzen, aber der Kauf von Geschenken zu dieser Jahreszeit kann eine Herausforderung sein, für manche sogar ein echtes Problem.

Die Planeten können Ihnen helfen, sobald Sie das Sternzeichen der Person kennen, können Sie vielleicht das ideale Geschenk machen.

Feuerzeichen: Widder, Löwe und Schütze mögen Geschenke, die ihnen das Gefühl geben, wichtig zu sein, und die mit Sport, Reisen und Technik zu tun haben.

Eine professionelle Digitalkamera, das neueste iPhone-Modell, ein Flugticket mit Hotel zu einem exotischen Touristenort oder mit historischem Hintergrund, Geschäftsbücher, Sportbekleidung oder Fitnessgeräte, Lotterielose, Flaschen mit gutem Wein und exklusive Markenschuhe werden diese Zeichen erfreuen.

Stier, Jungfrau und Steinbock, die dem Erdelement angehören, sind manchmal traditionell, aber das *bedeutet nicht, dass sie keine Geschenke von anerkannten Marken mögen.*

Ein Gemälde eines berühmten Malers, ein Gürtel oder eine Aktentasche für ihre Arbeitspapiere, eine Brieftasche mit ihren Initialen, Markenparfüms, Massagen oder Körperbehandlungen, ein Haustier, Bademäntel, kuschelige Pyjamas oder sogar Aromatherapie-Diffusoren werden sie glücklich machen.

Luftzeichen: Zwillinge, Waage und Wassermann *sind nicht materialistisch, und die Funktionalität eines Geschenks ist viel wichtiger als der Preis. Ihre Fantasie ist reichlich vorhanden, und alles, was diese Fähigkeit anregt, spricht sie an.*

Ein Handy, ein Computer oder IPad, Bücher über persönliches Wachstum, Spiritualität, Philosophie und alternative Therapien, Selbsthilfe- und Wirtschaftskurse, ein Teleskop, Karten für die Oper oder das Theater, ein Tier, das nicht eingesperrt werden muss, Quarz, ätherische Öle, Weihrauch und After-Bath-Colognas werden von diesen Zeichen sehr geschätzt.

Krebs, Skorpion und Fische, *die Wasserzeichen, lieben personalisierte Geschenke. Kochutensilien, ein* romantisches Abendessen am Strand unter dem Mondschein, eine entspannende Massage in einem Spaß, gewagte Dessous, Hausschuhe oder ein bequemes Sofa zum Fernsehen, eine Flasche Champagner, Duftkerzen, Amulette, Astrologie Bücher, ein Satz von Tarot-Karten, Lotionen, Parfums und Beauty-Accessoires, Wein, Kekse, Konserven und alle Arten von Gourmet-Produkten sind auf der Liste der Geschenke, die diese Zeichen mit großer Freude annehmen werden.

Schenken ist ein Segen, es ist eine Geste der Großzügigkeit; Schenken ist ein symbolischer Akt, der ein Kompliment darstellt, eine Aufmerksamkeit für jemanden, den wir erfreuen wollen, und der die Zuneigung symbolisiert, die wir bekunden.

Wenn wir Geschenke machen, werden Beziehungen verbessert und gestärkt, und es entsteht Freude.

Die Tierkreiszeichen und ihre Ängste.

Die zwölf Tierkreiszeichen symbolisieren zwölf wesentliche Archetypen der menschlichen Persönlichkeit, sind aber gleichzeitig auch psychologische Prototypen, weshalb jedes der Tierkreiszeichen eine spezifische und persönliche Angst hat.

Wir sollten uns daran erinnern, dass Angst ein wesentlicher menschlicher Alarm- und Abwehrmechanismus ist. Sie wird nur dann zum Problem, wenn sie übermäßig ist.

Ängste sind Unsicherheiten und manchmal projizieren wir sie mit den entgegengesetzten Handlungen, wie es der Fall des Widder-Zeichens ist; anerkannt für ihren eisernen Willen, nichts und niemand lähmt sie. Sie lieben es, alles zu kontrollieren, und ihre tief verwurzelte Angst ist es, zu versagen oder um Hilfe zu bitten, weil dies für sie ein Synonym für Schwäche ist.

__Der Stier__ ist das sturste der Erdzeichen. Veränderungen machen ihm Angst, und wenn ihm das Geld ausgeht, verbringt er sein Leben mit Sparen, denn Armut macht ihm Angst.

Zwillinge, die Kommunikatoren des Tierkreises, sind ein wenig ängstlich und unsicher, sie versuchen, Aufmerksamkeit zu erregen, weil sie fürchten, langweilig auszusehen. Legitime Kinder des Mondes, Cancers lieben ihre Sicherheitszone, weil niemand sie dort verletzen kann, sie haben Angst vor Einsamkeit und Ablehnung.

Der Löwe, der König des Tierkreises, der Anführer und der Mutige, wurde nicht geboren, um zu verlieren. Ihre größte Angst ist es, unbemerkt zu bleiben; sie ziehen es vor, schlecht gemacht zu werden, aber nicht ignoriert zu werden.

Die Meisterin der Ordnung **Jungfrau** wird manchmal zwanghaft, wenn es um ihre Gesundheit geht, und ist daher eine Hypochonderin. Ihre größte Angst ist es, krank zu werden, aber die Unordnung macht ihnen mehr Angst als alles andere.

 Außerordentlich intelligente **Waagen** sind unentschlossen, und genau darin liegt ihre größte Angst: Entscheidungen zu treffen. Eine weitere ihrer Ängste ist die Einsamkeit.

Die rätselhaften und verführerischen **Skorpione** *haben ein Elefantengedächtnis, sie fürchten sich vor Verrat, und wenn du etwas tust, was ihnen nicht gefällt, werden sie es dir für immer vorenthalten. Behalte niemals ein Geheimnis vor einem Skorpion.*

Als Abenteurer des Tierkreises hat der **Schütze** *Angst, sich zu binden, denn die Anforderungen sind erschreckend. Sie sind sehr lustig, aber hinter diesem Lächeln verbirgt sich die Angst, betrogen zu werden.*

Steinbock *sind anspruchsvoll und weichen nie von ihren Zielen ab; ihre größte Angst ist es, Fehler zu machen, vor allem auf beruflicher Ebene. Sie sind aufopferungsvoll und haben Angst, ihre Träume nicht zu verwirklichen.*

Die rebellischen und utopischen **Wassermänner** *fürchten, ihre Freiheit zu verlieren, denn das würde bedeuten, ihr eigenes Wesen zu verlieren. Sie haben immer viele Freundschaften, aber keine von ihnen bindet sie. Sie brauchen die Gruppe, wollen aber nicht, dass die Gruppe sie braucht.*

Frieden ist ein Synonym für **Fische***, sie hassen Konfrontationen. Durch und durch mitfühlend, haben sie Angst, andere leiden zu sehen. Sie sind ein wenig* *unsicher, haben Lampenfieber und Angst vor Ablehnung.*

In einigen alten Astrologie Büchern wird Saturn für die Angst in einem Geburtshoroskop verantwortlich gemacht. Ich denke, damit Angst entsteht, muss sich die Allianz mehrerer Planeten mit ihren entsprechenden Energien manifestieren.

Das heißt, Ängste werden durch verschiedene Planeten repräsentiert, die durch Aspekte miteinander verbunden sind, es gibt keinen bestimmten Planeten, der notwendigerweise mit der Entwicklung irgendeiner Art von Angst verbunden ist.

Mond in den Fischen

Wenn dein Mond in den Fischen steht, hast du das Bedürfnis, deine emotionalen und spirituellen Verbindungen zu erforschen. Du kannst mit deinen Gefühlen im Einklang sein. Eine der Herausforderungen ist jedoch, dass du mit den Gefühlen anderer im Einklang sein kannst.

Die Sicherheit, die Sie empfinden, wenn Sie Ihre emotionalen Beziehungen mit anderen teilen, muss damit einhergehen, dass Sie lernen, diese Beziehungen auf gesunde Weise aufzubauen und Grenzen zu setzen.

Auf einer unbewussten Ebene nehmen Sie die negative Energie aller Menschen auf, denen Sie begegnen.

Menschen mit dem Mond in den Fischen fühlen sich sicher, wenn sie sich mit dem Schmerz anderer auseinandersetzen. Sie müssen jedoch lernen, diese Negativität zu transformieren und sie loszulassen. Ihre Bestimmung ist es, zu heilen, nicht, ein Märtyrer zu sein. Sie müssen nicht leiden, um andere vom Leiden zu befreien.

Die Fische-Energie bricht zusammen, wenn sie unter Druck steht, und in jeder Situation, in der Sie sich unter Druck gesetzt fühlen, entweder durch außergewöhnlich starke Grenzen oder durch eine Verletzung dieser Grenzen, neigen Sie dazu, wegzulaufen.

Das Sicherheitsbedürfnis des Mondes in den Fischen hat damit zu tun, wie stark die emotionalen und geistigen Verbindungen in der jeweiligen Situation sind.

In vielerlei Hinsicht lassen Sie sich von Ihren Gefühlen durch das Leben leiten, und Sie neigen dazu, Ihren Instinkten zu vertrauen und ihnen zu folgen.

Je mehr Sie sich mit dem Universum verbunden fühlen und je mehr Sie sich mit Ihrer Umgebung im Einklang befinden, desto sicherer fühlen Sie sich.

Die Bedeutung des Aszendenten Zeichens

Das Sonnenzeichen hat einen großen Einfluss darauf, wer wir sind, aber der Aszendent ist das, was uns wirklich ausmacht, und das könnte sogar der Grund dafür sein, dass Sie sich mit einigen Merkmalen Ihres Sternzeichens nicht identifizieren.

Wenn du dein Horoskop liest, fühlst du dich manchmal identifiziert und es gibt einigen Vorhersagen einen Sinn, und das passiert, weil es dir hilft zu verstehen, wie du dich fühlen könntest und was mit dir passieren wird, aber es zeigt dir nur einen Prozentsatz dessen, was wirklich sein könnte.

Der Aszendent unterscheidet sich vom Sonnenzeichen, weil er widerspiegelt, wer wir oberflächlich gesehen sind, d. h. wie andere uns sehen oder welche Energie wir auf andere übertragen, und das ist so real, dass Sie vielleicht jemanden treffen, und wenn Sie sein Zeichen vorhersagen, haben Sie vielleicht sein Aszendenten Zeichen und nicht sein Sonnenzeichen entdeckt.

Zusammenfassend lässt sich sagen, dass die Eigenschaften, die man bei jemandem sieht, wenn man ihn zum ersten Mal trifft, der Aszendent ist, aber da unser Leben beeinflusst wird, wir in Beziehung zu anderen stehen, hat der Aszendent einen großen Einfluss auf unser tägliches Leben.

Es ist etwas kompliziert zu erklären, wie das Zeichen des Aszendenten berechnet oder bestimmt wird, denn es ist nicht die Position eines Planeten, die es bestimmt, sondern das Zeichen, das zum Zeitpunkt Ihrer Geburt am östlichen Horizont aufstieg, im Gegensatz zu Ihrem Sonnenzeichen, das vom genauen Zeitpunkt Ihrer Geburt abhängt.

Dank der Technologie und des Universums ist es heute einfacher denn je, diese Informationen zu wissen, natürlich, wenn Sie Ihre Geburtszeit kennen, oder wenn Sie eine Vorstellung von der Zeit haben, aber es gibt nicht eine Marge von mehr als Stunden, denn es gibt viele Websites, die die Berechnung durch die Eingabe der Daten zu machen, astro.com ist einer von ihnen, aber es ist unendlich.

Auf diese Weise können Sie beim Lesen Ihres Horoskops auch Ihren Aszendenten lesen und mehr persönliche Details erfahren. Sie werden sehen, dass sich von nun an Ihre Art, das Horoskop zu lesen, ändern wird, und Sie werden wissen, warum dieser Schütze so bescheiden und pessimistisch ist, wenn er in Wirklichkeit so übertrieben optimistisch ist, und das liegt vielleicht daran, dass er einen Steinbock-Aszendenten hat, oder weil dieser Skorpion-Kollege immer über alles redet, zweifellos hat er einen Zwillinge-Aszendenten.

Ich werde die Eigenschaften der verschiedenen Aszendenten zusammenfassen, aber auch das ist sehr allgemein, denn diese Eigenschaften werden durch Planeten in Konjunktion mit dem Aszendenten, durch Planeten, die den Aszendenten aspektieren, und durch die Stellung des Herrscherplaneten des Zeichens im Aszendenten verändert.

Ein Mensch mit einem Widder-Aszendenten und seinem herrschenden Planeten Mars in Schütze wird zum Beispiel etwas anders auf die Umwelt reagieren als ein anderer Mensch, der ebenfalls einen Widder-Aszendenten hat, dessen Mars aber im Skorpion steht.

In ähnlicher Weise wird sich eine Person mit einem Fische-Aszendenten, die Saturn in Konjunktion zu ihm hat, anders "verhalten" als jemand mit einem Fische-Aszendenten, der diesen Aspekt nicht hat.

All diese Faktoren verändern den Aszendenten, die Astrologie ist übermäßig komplex, und Horoskope werden nicht mit Tarotkarten gelesen oder erstellt, denn Astrologie ist nicht nur eine Kunst, sondern auch eine Wissenschaft.

Es kommt häufig vor, dass diese beiden Verfahren verwechselt werden, denn obwohl es sich um zwei unterschiedliche Konzepte handelt, haben sie einige Gemeinsamkeiten. Eine dieser Gemeinsamkeiten liegt in ihrem Ursprung, und zwar darin, dass beide Verfahren seit der Antike bekannt sind.

Sie ähneln sich auch in den verwendeten Symbolen, da beide mehrdeutige Symbole darstellen, die interpretiert werden müssen, was eine spezielle Lektüre und Ausbildung erforderten, um zu wissen, wie diese Symbole zu interpretieren sind.

Es gibt Tausende von Unterschieden, aber einer der wichtigsten ist, dass, während im Tarot die Symbole sind vollkommen verständlich auf den ersten Blick, wobei figurative Karten, obwohl es notwendig ist, zu wissen, wie man sie gut zu interpretieren, in der Astrologie beobachten wir ein abstraktes System, das notwendig ist, um zu wissen, vorher zu interpretieren, und natürlich muss gesagt werden, dass, obwohl wir erkennen können, die Tarot-Karten, jeder kann nicht interpretieren sie richtig.

Die Deutung ist auch ein Unterschied zwischen den beiden Disziplinen, denn während des Tarots keinen genauen Zeitbezug hat, da die Karten nur dank der im entsprechenden Legesystem gestellten Fragen zeitlich eingeordnet werden, bezieht sich die Astrologie auf eine bestimmte Stellung der Planeten in der Geschichte, und die von beiden verwendeten Deutungssysteme sind diametral entgegengesetzt.

Das Horoskop ist die Grundlage der Astrologie und der wichtigste Aspekt bei der Erstellung von Vorhersagen. Das Horoskop muss perfekt ausgearbeitet sein, damit die Lesung erfolgreich ist und man mehr über die Person erfährt.

Um ein Geburtshoroskop zu erstellen, muss man alle Daten über die Geburt der betreffenden Person kennen.

Sie muss genau bekannt sein, vom genauen Zeitpunkt der Lieferung bis zum Ort, an dem sie geliefert wurde.

Die Stellung der Planeten zum Zeitpunkt der Geburt verrät dem Astrologen die Punkte, die er für die Erstellung des Geburtshoroskops benötigt.

In der Astrologie geht es nicht nur darum, die Zukunft zu kennen, sondern auch darum, die wichtigen Punkte Ihrer Existenz, sowohl in der Gegenwart als auch in der Vergangenheit, zu kennen, um bessere Entscheidungen für Ihre Zukunft zu treffen.

Die Astrologie hilft Ihnen, sich selbst besser kennenzulernen, so dass Sie die Dinge, die Sie blockieren, ändern oder Ihre Qualitäten verbessern können.

Und wenn das Horoskop die Grundlage der Astrologie ist, so ist das Legesystem des Tarots für die Astrologie grundlegend.

Genauso wie derjenige, der das astrologische Horoskop erstellt, wird der Seher, der die Tarot-Lesung durchführt, der Schlüssel zum Erfolg Ihrer Lesung sein, so dass es am besten ist, sich nach empfohlenen Tarot-Lesern zu erkundigen, und obwohl Sie sicherlich nicht speziell auf alle Fragen, die Sie sich in Ihrem Leben stellen, antworten können, wird eine korrekte Lesung der Tarot-Lesung und der Karten, die im Legesystem auftauchen, Ihnen helfen, die Entscheidungen zu treffen, die Sie in Ihrem Leben treffen.

Zusammenfassend lässt sich sagen, dass Astrologie und Tarot sich der Symbolik bedienen, aber die Hauptfrage ist, wie all diese Symbolik interpretiert wird.

Eine Person, die beide Techniken beherrscht, wird zweifellos eine große Hilfe für die Menschen sein, die sie um Rat fragen.

Viele Astrologen kombinieren beide Disziplinen, und die regelmäßige Praxis hat mich gelehrt, dass beide in der Regel sehr gut ineinander übergehen und eine bereichernde Komponente in allen Vorhersagefragen darstellen, aber sie sind nicht dasselbe, und man kann weder ein Horoskop mit Tarotkarten erstellen noch eine Tarot Deutung mit einem astrologischen Horoskop.

Fische Aszendent Widder

Fische Aszendent Widder hat einen starken Charakter und drängt sich mit seiner Präsenz auf. Er wird ein unternehmungslustiger und autoritärer Fisch sein, mit einem guten Urteilsvermögen für Geschäfte und Finanzen. In der Liebe wird er enthusiastisch sein.

Fische-Stier-Aszendent

Fische-Stier-Aszendent ist der Familie zugetan. In der Liebe ist er enthusiastisch, sinnlich und besitzergreifend. Bei der Arbeit ist er konzentriert und liebt es, Geschäfte zu machen und Geld zu verdienen.

Fische Zwillinge Aszendent

Fische Aszendent Zwillinge hat Vielseitigkeit, ein agiler und offener Geist, und eine große Kapazität für die Arbeit. Er wird dynamisch und offen sein. In der Liebe wird er unabhängig sein, mit einer Tendenz zu sporadischen Beziehungen und mit mehreren Partnern zu experimentieren.

Fische Aszendent Krebs

Fische-Aszendent-Krebs sind fantasievolle, kreative, sinnliche und romantische Menschen. Manchmal können sie besitzergreifend und eifersüchtig sein. Beruflich werden sie pure Kreativität sein.

Fische Aszendent Löwe

Fische Aszendent Löwe ist ein selbstbewusster Mensch, mit Führungsqualitäten, unabhängig und abenteuerlustig. Sie werden ein Fisch mit einer Tendenz zu hören, um die Probleme der anderen und ihnen helfen. Ihr Leben wird eine Party sein. Beruflich werden sie fleißig und fleißig sein und ihr Einfühlungsvermögen wird ihnen viele Türen öffnen.

Fische Aszendent Jungfrau

Fische Aszendent Jungfrau sind Menschen mit einer großen Macht der Analyse, Beobachtung, Planung,

Organisation, Leichtigkeit der Verhandlung und Konkretion, und mit einer Menge Kontrolle über alles. In der Liebe sind sie reflexiv.

Fische Aszendent Waage

Fische-Aszendent-Waage sind lebenslustig, Partygänger und gute Freunde. Sie haben eine sehr kultivierte und elegante Persönlichkeit und sind immer in Mode. In der Liebe sind sie verführerisch und verlockend. Beruflich sind sie in jeder Tätigkeit oder Arbeit, die sie ausüben, hervorragend.

Fische Aszendent Skorpion

Ein attraktiver Fische-Aszendent ist ein Mensch mit unglaublicher Anziehungskraft und verführerischer Leidenschaft. Dies ist ein sexueller Fisch. Beruflich sind sie kalt, berechnend, beobachtend und Strategen.

Fische Aszendent Schütze

Fische-Aszendent-Schütze ist ein abenteuerlustiger und reisender Mensch. Ihre Kreativität und Fantasie machen sie besonders gut in künstlerischen Arbeiten. In der Liebe lieben sie die Lust, daher haben sie immer sporadische Beziehungen und hassen es, eine Beziehung zu formalisieren.

Fische Aszendent Steinbock

Fische-Aszendent-Steinbock ist eine Person der Vernunft, Vernünftigkeit und Romantik. Sie können kontrollierend sein, sind aber großartige Manager im Geschäftsleben. Sie sind unternehmungslustig und selbstbewusst. Sie sind streng, traditionell und gemäßigt,

Fische Aszendent Wassermann

Fische-Aszendent-Wassermann sind moderne, unabhängige und effiziente Menschen. Sie lernen gerne und sind sehr intellektuell. Sie sind immer offen für moderne Technologien, weil sie innovativ sind. In der Liebe sind sie wählerisch und treu.

Fische Aszendent Fische

Fische-Aszendent Fische sind romantisch und kreativ. Dies ist eine Person, die ihre Welt, in der sie glücklich sind, nach ihren eigenen Regeln und Überzeugungen schafft. Sie sind nicht aggressiv und wettbewerbsorientiert. Sie helfen anderen gerne und wissen, wie man Ratschläge gibt. Sie sind sehr tolerant und mitfühlend. Manche sind unsicher, aber lieben es, zu feiern. Sie neigen zu sporadischen Beziehungen, die aufgrund ihrer Unsicherheit und ihres geringen Selbstwertgefühls im Sande verlaufen.

Saturn in den Fischen, eines der wichtigsten astrologischen Ereignisse.

Der 7. März 2023 war einer der wichtigsten Tage im astrologischen Kalender dieses Jahres. Saturn, der strenge Lehrer und Herr des Karmas, kollidierte mit den Fischen, den Träumern. Dieser Transit von Saturn in den Fischen, der bis Februar 2026 andauern wird, war keine willkommene Mischung.

Saturn ist ein Planet der Verantwortung und der strengen Autorität, er diszipliniert und strukturiert uns auf seinem Weg durch den Tierkreis. Saturn will sicherstellen, dass wir unsere Ziele erreichen, und wenn dieser Planet durch die Fische, das spirituellste Zeichen, wandert, werden einige wichtige Vorschläge auf uns zukommen. Pluto und Saturn, die so im Einklang wandern, werden einen gigantischen energetischen Vulkan auslösen, der garantiert eine unvergessliche Zeit sein wird.

Das mag wie eine Kampfansage klingen, aber diese Energiekombination kann effektiv und gewinnbringend sein.

Saturn ist in den Fischen nicht zufrieden. Es ist schwierig für ihn, Strukturen zu gründen und die Realität aufzubauen, wenn sich alles verschiebt. Fische ist ein duales Zeichen, es kann sich also auf entgegengesetzte Weise ausdrücken; es kann sowohl transzendental als auch praktisch sein. Es besteht die Möglichkeit, dass Saturn in den Fischen auf den Bau von Formen über oder unter dem Wasser hinweist, oder auf die Beherrschung des Wassers, wie z. B. Pipelines, Aquädukte und Häfen. Er kann aber auch den Zusammenbruch dieser Strukturen aufgrund von Wirbelstürmen oder struktureller Brüchigkeit aufzeigen.

Der Archetypus der Fische steht im Widerspruch zu Saturn. Er steht für Utopie, Kreativität, Spiritualität und Esoterik, aber auch für Träume, Illusionen, Lügen und Eskapismus. Er symbolisiert das Streben, wie das Meer zu fließen und Grenzen und Beschränkungen zu überwinden.

Der letzte Transit von Saturn in den Fischen fand von Mai 1993 bis April 1996 statt. In dieser Phase wurden die Folgen des Zusammenbruchs der Sowjetunion im Jahr 1989 spürbar, der weltweit Nachwirkungen hatte und die russische Wirtschaft zusammenbrechen ließ. Russland begann 1994 den ersten Tschetschenienkrieg, der bis 1996 andauerte. Der Internationale Strafgerichtshof für das ehemalige Jugoslawien wurde im Mai 1993 in Den Haag eingerichtet, um Kriegsverbrechen zu verfolgen, die während des Jugoslawienkriegs Anfang der 1990er Jahre begangen wurden.

Der Bosnienkrieg zwischen Kroaten, Bosniern und Serben hingegen war von Grausamkeiten, ethnischen

Säuberungen und zahlreichen Hinrichtungen geprägt. Der Krieg endete 1995, und die meisten bosnisch-serbischen Befehlshaber wurden wegen Völkermordes und Verbrechen gegen die Menschlichkeit verurteilt. 1994 begann der Völkermord in Ruanda, als Hutu-Banden mehr als 700.000 Tutsi ermordeten und unzählige Frauen während des Massakers vergewaltigt wurden, das schließlich im Juli endete. Die Abrüstungskrise im Irak nach dem Ende des ersten Golfkriegs war auf ihrem Höhepunkt mit viel Lärm und fehlendem Vertrauen zwischen den Beteiligten verbunden.

Eine Sekte in der Schweiz, der "Orden des Sonnentempels", verübte eine Reihe von Verbrechen und Massenselbstmorden, und hier in den Vereinigten Staaten ermordete Timothy McVeigh 168 Menschen bei dem Bombenanschlag in Oklahoma City. Während dieses Saturn-Transits durch die Fische wurde O.J. Simpson wegen des Mordes an seiner Ex-Frau und seinem Freund verhaftet und nach einem langwierigen Prozess, der ein Spektakel im Hollywood-Stil war, freigelassen.

In London wurde Fred West und seine Frau Rose inhaftiert, nachdem in ihrem Garten die Leichen mehrerer Mordopfer gefunden worden waren.

In Südafrika fanden die ersten rassenübergreifenden Wahlen statt, und Nelson Mandela wurde zum Präsidenten gewählt, der später die Todesstrafe in diesem Land abschaffte. Russland und China unterzeichneten ein Abkommen, sich nicht mehr gegenseitig mit ihren Atomwaffen zu provozieren, und der Atomwaffensperrvertrag wurde von 170 Ländern endlos erweitert. In Australien einigte man sich auf die Entschädigung der Ureinwohner, die während der Atomtests in den 1950er und 1960er Jahren vertrieben wurden.

Zu den weiteren Ereignissen während des Transits von Saturn in den Fischen gehören religiöse Strömungen, ideologische Bewegungen wie Sozialismus und Linksextremismus, die Übertragung von Krankheiten und Seuchen, zerstörerische Verhaltensweisen, die durch Panik ausgelöst werden, eine Zunahme des Drogenkonsums und die Entwicklung aller Arten von Kunst sowie die Mittel des Seeverkehrs.

Saturn in den Fischen wird dafür sorgen, dass wir uns nicht mit Spiritualität oder Angst vor bestimmten Konflikten drücken können, denen wir uns stellen müssen. Wir können meditieren, hundert Jahre in Tibet verbringen und die mächtigsten Mantras des Universums verwenden, aber irgendwann müssen wir auch handeln.

In den letzten Jahren, in denen Saturn den Wassermann durchquert hat, war es notwendig, sich auf die Individualität zu konzentrieren und aufrichtiger zu sein, anstatt den Zwang der Menschen um uns herum zu tolerieren.

Obwohl Wassermann ein Zeichen ist, das dafür bekannt ist, nach seinem eigenen Rhythmus zu tanzen, hat Saturn uns dazu gebracht, mit uns selbst allein zu sein (erinnern Sie sich an die Einschränkungen während der Pandemie) und zu schauen, wo wir uns selbst platzieren können, um gesunde Grenzen zu schaffen.

All diese Lektionen haben uns auf das vorbereitet, was mit Saturn in den Fischen vor uns liegt. Wir werden anfangen, sensibler damit umzugehen, wie wir Spiritualität in unser tägliches Leben einbringen können, während wir gleichzeitig ein Verständnis dafür bewahren, wie wir uns selbst strukturieren können. Viele Menschen werden Religionen oder Dogmen aufgeben oder in Frage stellen.

Natürlich gibt es viele, die diese Zeit nicht genießen werden. Dazu gehören religiöse Führer und diejenigen, die Verschwörungstheorien verbreiten. Es wird zu Konflikten zwischen Menschen unterschiedlicher Religionen kommen, und es wird viele Tendenzen geben, zu versuchen, das zu beherrschen, was andere zu glauben wählen.

Wir müssen akzeptieren, dass, nur weil andere nicht mit unseren Überzeugungen übereinstimmen, dies nicht bedeutet, dass sie falsch sind. Es bedeutet lediglich, dass ihre Ansichten anders sind, denn schließlich stehen die Fische für Exklusivität. Etwas, das uns fehlt.

Da Fische und Neptun die Unterhaltungsbranche regieren, werden große Studios und Plattenfirmen schließen, und viele Künstler, die mit diesen Studios verbunden waren, werden beschließen, ihre eigenen zu gründen. Wenn Sie ein Künstler sind, liegt es in Ihrem Interesse, Ihre Arbeit gewinnbringend zu nutzen, anstatt den großen Unternehmen an der Spitze die Dividende zu überlassen.

Es wird weniger Interesse an Spezialeffekten geben und eine stärkere Ausrichtung auf in sich geschlossene Filme und Themen, die den Alltag widerspiegeln. Wir werden die Schönheit um uns herum schätzen und weniger vom Glamour motiviert sein.

Karma wird oft als etwas Böses angesehen, aber zu ernten, was man gesät hat, ist nicht schlimm, wenn man sich gut verhalten hat. Die Arbeit mit unserem karmischen und unterbewussten Gepäck, das Verstehen der Vergangenheit und die Bereitschaft, loszulassen, sind entscheidend, um diesen Transit zu meistern und erfolgreich aus ihm hervorzugehen. Wenn Sie sich davor drücken, wird Saturn Sie bestrafen, aber wenn Sie sich darauf einlassen, werden Sie an einem Ort ankommen, der für etwas Großes prädestiniert ist.

Die Stellung von Saturn in unserem Geburtshoroskop zeigt an, wo wir gezwungen sind, die Kontrolle über die Realität zu gewinnen und mehr Verantwortung zu übernehmen.

Fische ist das letzte Zeichen des Tierkreises, so dass Saturns Bewegung hier auch einen End- oder Abschlusspunkt für einen viel größeren Zyklus anzeigen.

Fische ist ein Wasserzeichen, das für Licht, Dunkelheit und die unsichtbaren Welten steht. Es ist bekannt für seine abstrakten Ideen und seine Kreativität.

Fische sind veränderlich, das heißt, sie sind anpassungsfähig und offen für die Energien ihrer Umgebung. Saturn ist eine sehr solide Energie. Er herrscht über Gesetze, Verantwortlichkeiten und Einschränkungen, und seine Energie kann sich manchmal wie ein Weckruf anfühlen, der uns in die Realität zurückholt und uns die Konsequenzen unseres Handelns vor Augen führt.

Die Anwesenheit von Saturn in den Fischen könnte sich deshalb etwas schwer anfühlen, da die normalerweise wässrige, intuitive und sensible Energie der Fische gezwungen sein wird, etwas zurückhaltender zu werden.

Um das besser zu verstehen, kann man es sich so vorstellen: Wenn Fische ein sanft fließendes Wasser sind, wird Saturn Dämme bauen, und diese Dämme können das Wasser in eine produktive und vorteilhafte Richtung lenken, aber es kann sich auch eher bedrückend oder kontrollierend anfühlen.

Es gibt jedoch eine Möglichkeit, ein Gleichgewicht zwischen diesen beiden Energien herzustellen, da die kreativen, nicht greifbaren und äußeren Ideen der Fische-Energie dank Saturn einige Wurzeln schlagen können.

Saturn hat eine praktische Energie, und wenn wir diese mit der Kreativität der Fische kombinieren, können wir ein Gleichgewicht erreichen, das uns hilft, unsere kreativen Ideen zum Leben zu erwecken oder sie sogar in ein Unternehmen zu verwandeln.

Fische sind auch mit Religion und Spiritualität verbunden, so dass sich mit Saturn viele Fragen rund um Religion und Spiritualität stellen könnten und wie diese mit den Regeln, die die Gesellschaft regieren, zusammenhängen. Auch die spirituelle Industrie könnte unter dieser Energie einen Weckruf erhalten, oder auf einer persönlichen Ebene werden sich Ihre eigenen Einstellungen und Überzeugungen bezüglich Ihrer spirituellen oder religiösen Verbindung ändern.

Saturn will wirklich, dass wir aufstehen und die Verantwortung für unser Leben übernehmen und in Übereinstimmung mit unserem authentischen Selbst handeln.

Saturn mag uns Grenzen und Beschränkungen auferlegen, die uns das Gefühl geben, gefangen zu sein oder zu ersticken, aber dies geschieht nur, damit wir uns die Zeit nehmen können, um herauszufinden, was wir wirklich wollen und wofür wir bereit sind, einzustehen.

Eine weitere Möglichkeit, mehr über diesen kraftvollen Planetentransit zu erfahren, besteht darin, über die Themen nachzudenken, die sich in Ihrem Leben entwickelt haben, als Saturn das letzte Mal in den Fischen war, nämlich von 1994 bis 1996, um zusätzliche Informationen darüber zu erhalten, was dieser Zyklus Ihnen bringen kann.

Wie wird es sich auf das Zeichen Fische auswirken?

Alle 28 Jahre tritt Saturn in dein Tierkreiszeichen ein. Saturn braucht so lange für seinen Eintritt, dass er, wenn er kommt, dafür sorgt, dass die Arbeit erledigt wird. Du kannst dir Saturn in deinem Zeichen wie Harry Potter vorstellen, der mit seinem Zauberstab ankommt und dabei hilft, den Raum zu säubern, Dinge zu organisieren und dafür zu sorgen, dass alles funktioniert. Saturn kann eine schwere Energie sein und bringt Herausforderungen mit sich, aber das ist nur, damit du dein volles Potenzial erreichen kannst.

Saturn ist der Hüter deines Seelenvertrags, der Vereinbarung, die wir getroffen haben, bevor wir in diesen irdischen Körper eingetreten sind, und er will sicherstellen, dass du diesen Seelenvertrag einhältst. Er will sicherstellen, dass du die Regeln dieses Vertrages befolgst und dein volles Potenzial ausschöpfst. Wenn Saturn in dein Zeichen eintritt, berührt seine Energie jeden Winkel deines Lebens. Er möchte, dass du die Verantwortung für deinen physischen, mentalen, emotionalen und spirituellen Körper übernimmst.

Alles beginnt mit dir, und darauf wirst du dich konzentrieren, wenn Saturn durch dein Zeichen wandert: Sie. Was brauchst du? Was braucht dein Körper? Was braucht dein Herz? Es geht darum, sich mit den Bedürfnissen und Wünschen deines Körpers, deines Geistes und deiner Seele zu verbinden. Du bist das Zentrum von allem, und Saturn in den Fischen wird dir helfen, dich mit dem Kern dessen zu verbinden, was du wirklich bist. Saturn wird dir helfen, die Masken abzulegen, die dir nicht mehr dienlich sind, und zum Vorschein zu bringen, was dir wirklich wichtig ist; er wird dir helfen, dich besser auszurichten und dich auf deinem Weg zu reden, und er wird dich von Dingen befreien, die nicht mehr zu dir passen.

Wenn Saturn im Spiel ist, ist es immer eine gute Idee, sich auf die Verantwortung zu besinnen. Mit Saturn in den Fischen will Saturn, dass du die Verantwortung für dich selbst übernimmst, niemand sonst wird es tun, du musst es selbst tun, du musst aufstehen und anfangen, deine Bedürfnisse mitzuteilen und dich für dich einzusetzen. Niemand wird sich so um dich kümmern, wie du es kannst, und genau daran will Saturn dich erinnern. Mit Saturn in deinem Zeichen fühlst du dich vielleicht manchmal schwer, du fühlst dich vielleicht auch ein bisschen überwältigt von der Welt oder den Ereignissen, die in deinem Leben passieren. Saturn kann dir eine gewisse Last auf die Schultern legen, aber das ist nur, damit du herausfinden kannst, was du tragen willst.

Das Gewicht, dass du spürst, ist all das, was du dir selbst oder deinem Leben eingeimpft hast, aber Saturn wird es so lange tragen, bis du erkennst, woran du nicht mehr festhalten musst. Saturn will dich entlasten, er will dich von dieser Schwere befreien, aber du musst derjenige sein, der handelt. Er wird dir alles zeigen und offenbaren, was dich belastet und schwer macht, und dann liegt es an dir, was du damit machen willst.

Wenn Saturn in unserem Zeichen beginnt, können wir spüren, wie sich das Gewicht auftürmt, aber wir können mit dem Fluss von allem mitgehen, bis wir es nicht mehr können, und dann fallen die Dinge auseinander, und wir erkennen, was nicht mehr für uns funktioniert. Saturn kann sich auf diese Weise an uns heranschleichen, aber keine Sorge.

Saturn ist nicht hier, um Sie auszutricksen, er ist eher wie ein Lehrer, oder dieser lästige Lehrer, der möchte, dass Sie die Dinge auf Ihre Weise herausfinden, damit die Lektion hängen bleibt. Anstatt alles für dich zu tun, führt er dich dazu, dass du fast alles falsch machst, damit du dich korrigieren und deinen eigenen Weg finden kannst.

Saturn verbringt zweieinhalb Jahre in Deinem Zeichen und wird sich langsam bewegen und dafür sorgen, dass Du nicht aufhörst zu lernen. Es ist wichtig, daran zu denken, dass es bei der Arbeit mit der Saturn-Energie am besten ist, langsam vorzugehen und methodische, praktische Schritte zu machen. Es kann von Vorteil sein, einen Zeitplan aufzustellen und sich regelmäßig zu überprüfen, um sicherzustellen, dass

Sie das tun, was Sie erfüllt und was Ihnen ein gutes Gefühl gibt. Es wäre auch eine kluge Idee, eng mit Ihren Grenzen zu arbeiten und sicherzustellen, dass Sie nicht zulassen, dass andere oder Situationen Ihre persönlichen Grenzen überschreiten.

Saturn ist der Meister der Grenzen, so dass Sie hier etwas Unterstützung an Ihrer Seite haben, um sicherzustellen, dass Sie nicht ausgenutzt werden und dass Sie nur das tun, was sich für Sie richtig und angenehm anfühlt. Zusammen mit diesen Werkzeugen können Sie auch davon profitieren, Zeit in der Natur zu verbringen und zu lernen, Ihre Energie zu verbinden. Saturn ist eine sehr erdende Präsenz, so dass es Ihnen helfen kann, mit dieser Energie umzugehen, wenn Sie sich mit der Erdung vertraut machen.

Als Wasserzeichen fühlst du dich durch die erdige Präsenz von Saturn vielleicht etwas erdrückt. Deshalb kann es hilfreich sein, Dinge zu tun, die deinen Körper wieder in Fluss bringen, wie z.B. Zeit in der Nähe von Wasser zu verbringen, zu schwimmen, zu tanzen oder irgendeine Form von Bewegung, die es dir ermöglicht, deine Energiezentren auszugleichen. Das andere unglaubliche Geschenk, das Saturn in Ihrem Zeichen Ihnen macht, ist Ihr kreatives Potenzial. Sie sind zweifellos sehr kreativ und nutzen Ihre Kreativität in irgendeiner Weise in Ihrem beruflichen Umfeld.

In der Tat wird die Kreativität in allen Bereichen Ihres Lebens fließen, und Saturn wird Ihnen dabei helfen. Saturn wird alle deine Ideen aufgreifen und dir helfen, sie in etwas Produktives und Dauerhaftes zu verwandeln. Wenn du in einem kreativen Bereich arbeiten willst, wenn du deine kreativen Ideen in ein Geschäft umwandeln willst, hast du die beste Energie, um das zu tun.

Dies ist eine fantastische Zeit, um Ihre Ideen in etwas Greifbares und Dauerhaftes zu verwandeln. Saturn wird Ihnen helfen, eine starke geschäftliche Einstellung zu haben, damit Sie Ihren kreativen Ideen die bestmögliche Chance geben können, in der Welt zu gedeihen. Das Gleiche gilt, wenn Sie etwas im spirituellen Bereich tun wollen; in der Tat können Spiritualität und Ihre spirituelle Verbindung unter diesem Transit auch für Sie zum Vorschein kommen. Sie werden wahrscheinlich ein tieferes und verbundeneres Verständnis dafür entwickeln, wer Sie auf spiritueller Ebene sind, und Sie werden vielleicht sogar feststellen, dass Ihre intuitiven und übersinnlichen Gaben unter dieser Stellung verstärkt werden.

Wenn du normalerweise ein übermäßig sensibler Mensch bist, kann Saturn dir helfen, dies für eine gewisse Zeit zu dämpfen, damit du in deine Mitte zurückkehren und dich mehr mit dem, was du bist, in Einklang bringen kannst. Wenn du dann bereit bist, wirst du beginnen, mehr von deinen intuitiven Gaben zu empfangen und dich ihnen zu öffnen. Saturn ist eine harte Energie, da führt kein Weg dran vorbei. Er kann wie ein Realitätscheck sein, der uns zwingt, aufzuwachen und das wahre Leben zu leben. Aber wenn du dich anstrengst, wirst du belohnt werden. Es gibt so viele Geschenke, die man bekommen kann, wenn Saturn zu Gast ist, also lasst euch auf die Reise ein, lehnt euch in die Lektionen hinein, und ihr werdet neue Meisterschaft entdecken.

Freundschaft unter astrologischen Gesichtspunkten

Freundschaft ist eine der wunderbarsten menschlichen Verbindungen, ein Freund ist der Schutz in unseren Sorgen und mit dem wir Momente der Freude teilen.

Manche Freundschaften entstehen sofort, während andere Jahre brauchen, um sich zu festigen. Sie beruhen auf Gegenseitigkeit und Engagement.

In der heutigen Zeit ist es schwierig, einen treuen Freund zu finden, denn wir leben in einer Gesellschaft, in der jeder von irgendetwas profitieren will, und wenn wir einen finden, klammern wir uns an ihn.

Es ist wichtig, sich daran zu erinnern, dass jeder Mensch, der unseren Weg kreuzt, ob gut oder schlecht, uns eine wichtige Lektion erteilt, die wir lernen können.

Wenn es um Freundschaft geht, hat die Astrologie, wie immer so faszinierend, eine Menge zu sagen. Wir legen nicht alle den gleichen Wert auf Freundschaft in unserem Leben, und wir sind nicht gleichermaßen mit unseren Freunden verbunden.

Der Widder ist ein *sehr großzügiges und spontanes Zeichen. Es ist die Art von Freund, der in guten und schlechten Zeiten ist. Mit ihnen leben Sie Abenteuer und verrückte Tage. Der Widder lässt manchmal zu,* *dass sein Temperament seine wahren Qualitäten trübt, aber am Ende sind sie Menschen, denen man vertrauen kann. Waage und Wassermann sind die besten Verbündeten des Widders.*

***Stier**, die hartnäckigsten Freunde, aber die zuverlässigsten. Stier Freundschaft überwindet jeden Rückschlag und transzendiert die Barrieren der Zeit. Sie sind engagiert, loyal, konstante Freunde und gute Berater. Manchmal auch besitzergreifend und eifersüchtig. Die besten Verbündeten des Stieres sind Steinbock und Krebs.*

***Zwillinge** sind superlustig und haben immer viele Freunde. Er ist ein bisschen unbeständig und redselig, daher ist er unzuverlässig. Bei ihnen geht es vor allem darum, mit dem Strom zu schwimmen und sich an ihr vielseitiges Verhalten zu gewöhnen. Die Freundschaften der Zwillinge müssen eine intellektuelle Verbindung haben, daher sind Waage und Löwe seine besten Verbündeten.*

***Krebs**, ihre Gruppe von Freunden ist äußerst klein, weil sie Angst haben, sich anderen zu öffnen. Es ist ein supersentimental, großzügig, und schützende Freund. Sie sind immer bereit, dir ihre Schulter anzubieten, um deine Sorgen zu lindern. Wenn du ihr Freund bist, gehörst du zu ihrer Familie. Die besten Verbündeten des Krebses sind Jungfrau und Fische.*

Löwe ist *charismatisch, lustig und warmherzig. Er ist sehr loyal und opfert sich für seine Freunde auf. Aufgrund ihrer magnetischen Ausstrahlung ziehen sie viele Freunde an. Sie tun gerne Gefallen und geben, ohne eine Gegenleistung zu erwarten. Ihr Wettbewerbsgeist und ihre Selbstbezogenheit sind jedoch ihre Achillesferse, sie brauchen bescheidene und geduldige Freunde. Ihre besten Verbündeten sind Steinbock und Schütze.*

Jungfrau*, Perfektion erstreckt sich auch auf diesen Bereich. Sie sind anspruchsvoll und wählerisch. Sie ignorieren ihre persönlichen Probleme, um ihren Freunden unter die Arme zu greifen. Sie sind umgänglich und diskret. Manchmal ziehen sie sich gerne in ihre eigene Welt zurück und lassen niemanden in sie hinein. Die besten Verbündeten der Jungfrau sind Krebs und Skorpion.*

Waage *sind harmonisch, heiter und ruhig. Sie verstehen es, mit ihren Freunden Spaß zu haben, sie lieben es, von Freunden umgeben zu sein, und dank ihrer diplomatischen Fähigkeiten wissen sie, wie sie die Probleme ihrer Freunde lösen können. Wenn sie eine Freundschaft schließen, dann ist sie echt. Die besten Verbündeten der Waage sind Schütze und Wassermann.*

Skorpion*, ihre Haltung ist ehrenhaft und aufrecht. Eifersüchtig und besitzergreifend auf ihre Freunde, ist ein Skorpion unter deinen Freunden ein Synonym für* *absolute Unterstützung. Der Skorpion ist einer der loyalsten Freunde, die man im Laufe seines Lebens finden kann, besonders gute Berater. Die besten Verbündeten des Skorpions sind Jungfrau und Steinbock.*

Schütze, *einen Freund dieses Zeichens zu haben, ist wie ein Glücksfall. Ihre Freundschaft ist eine der aufrichtigsten, reinsten und edelsten des ganzen Tierkreises. Der Schütze tut alles für seine Freunde. Sie besitzen die Fähigkeit, viele Freundschaften zu schließen und können Probleme lösen, sie sind beschützend. Die besten Verbündeten sind Waage und Zwillinge.*

Steinböck haben *es nicht leicht, Freunde zu finden, denn sie sind sehr vorsichtig und zurückhaltend. Sie neigen dazu, nach Freundschaften zu suchen, die lange halten, weil sie wissen, wie wichtig diese Bindungen im Leben sind. Wenn es ihm gelingt, eine Verbindung herzustellen, ist er loyal. Sie mögen es, wenn man ihnen zuhört und ihre Ratschläge nicht ignoriert werden. Seine besten Verbündeten sind Stier und Jungfrau.*

Der Wassermann *ist der perfekte Freund, respektiert das Privatleben seiner Freunde und ist diskret. Sie sind sehr großzügig mit denen, die sie wirklich schätzen. Aber was sie nicht widerstehen, ist, dass jemand versucht, ihre Freiheit zu behindern, weil sie sehr unabhängig sind. Ein Wassermann-Freund ist ein* *echter Schatz, um den man sich kümmern muss, denn er gibt immer sein Bestes, ohne eine Gegenleistung zu verlangen. Ihre besten Verbündeten sind Waage und Widder.*

***Fische**, der Frieden, der von diesem Zeichen ausstrahlt, ist ein Magnet, um Freunde anzuziehen. Es ist süß und treu, so dass sie eine unvergleichliche Empathie zu erzeugen. Sie sind aufrichtig und äußern sich mit dem Herzen in der Hand, aber sie verlangen, dass andere zu erwidern. Sie wollen allein sein und nachdenken, deshalb verbringen sie wahrscheinlich nicht so viel Zeit mit ihren Freunden. Ihre besten Verbündeten sind Stier und Skorpion.*

Die Hilfe des Universums bei der Wahl Ihrer Karriere

Wir sind, was wir tun, die Arbeit nimmt mehr Zeit in Anspruch als jede andere Tätigkeit, und jede Tätigkeit in unserem Leben ist mit der Arbeit verbunden.

Unser sozialer Status wird mehr als alles andere durch unseren Beruf und unsere Stellung darin bestimmt. Was machen Sie beruflich, oder was ist Ihr Beruf, sind Fragen, die danach kommen: Wie ist Ihr Name? Die Antwort ist fast schon enzyklopädisch, denn sie beschreibt Ihre Ausbildung, Ihr Einkommen, Ihr Kommunikationsniveau, Ihre politischen und sogar spirituellen Neigungen, Ihre Vorstellungskraft, Ihre Denkweise und so weiter.

Es ist die Frage, die den Beginn einer Beziehung bestimmt und die wir wie folgt übersetzen würden: Über welche Ressourcen verfügen Sie, die mir zugutekommen?

In unserer heutigen Kultur gibt es eine schier unendliche, wenn auch verwirrende Vielfalt an Berufen, die angeboten werden. Um die Wahl zwischen so vielen Optionen zu erleichtern, gibt es die Berufsastrologie, ein wichtiges Spezialgebiet und eine Dienstleistung in unserem Bereich, wobei die häufigsten Anliegen der Klienten Liebe und Arbeit sind.

Das Berufshoroskop ist eine Planetenkarte, die ausschließlich zur Beantwortung beruflicher Fragen verwendet wird. Manche mögen sich fragen, wie es sich von Eignungstests und Berufsberatung unterscheidet, glauben Sie mir, es ist groß.

Ein Berufstest kann zwar zeigen, dass Sie ein perfekter Bauingenieur sein werden, aber er kann weder Ihren Erfolg in diesem Bereich noch Ihr finanzielles Potenzial oder Ihr emotionales Wohlbefinden in diesem Beruf vorhersagen. Was ist, wenn ein Beruf wie der des Bauingenieurs für Sie gefährlich ist, weil Sie die Veranlagung haben, bei einem Sturz zu sterben? Das könnte Ihnen passieren, wenn Sie ein Dach, eine Brücke oder ein anderes Bauwerk inspizieren.

Ein Eignungstest kann dies nicht vorhersagen, wohl aber ein berufliches Geburtshoroskop.

Es ist nicht weniger wahr, dass einige keine Probleme bei der Wahl ihrer Berufe haben, und wenn man ihr Horoskop analysiert, ist das offensichtlich; aber wie es in allen Fällen geschieht, können sie Probleme haben, die sich aus dieser Arbeit ergeben, weil es unmöglich ist, dass sie "Meister" in allen Fähigkeiten sein können, die für das, was sie tun, notwendig sind.

Der psychologische Zustand einer Person wirkt sich auf alle Angelegenheiten aus, die mit ihrem Beruf oder ihrer Berufung zusammenhängen. So könnte eine

Person, die streitlustig ist und sich leicht bedroht fühlt, diese Eigenschaften in einem "gewerkschaftlichen" Beruf einsetzen, um die Interessen und Rechte der Arbeitnehmer zu verteidigen.

Stellen Sie sich nun dieselbe Person als Lehrer von Kindern im Teenageralter vor.

Viele Menschen sind in ihrem Beruf unglücklich, weil sie ihre Träume, ihr Potenzial und ihre Talente nicht ausleben können. Niemand hat sie angeleitet, ihre Fähigkeiten zu entfalten, und es wurde ihnen nie erklärt, dass es einen Unterschied zwischen Beruf, Berufung und Arbeit gibt.

Das Alter des Klienten, die gelebten Erfahrungen sind der Schlüssel, denn wenn wir erwachsen sind, können die Bereiche Ehe und Kinder uns beeinflussen. Das ist der Grund, warum man manchmal Menschen findet, die einem Hobby mehr Aufmerksamkeit schenken als der Arbeit, denn oft sind unsere Talente in diesen Unterhaltungen verborgen.

Es kommt nicht selten vor, dass erfolgreiche Menschen in ihren brillanten Berufen unglücklich sind, weil ihr Temperament mit diesem Beruf nicht vereinbar ist.

Es gibt auch Menschen, die ihre Arbeit lieben, aber wenig Erfolg haben. Hier sind die Temperamentsfaktoren Mond, Sonne und Aszendent mit ihrer Arbeit vereinbar, aber der Planet, der diesen Beruf regiert, ist durch die Platzierung oder die Aspekte schwach und verwehrt ihnen den gewünschten Erfolg.

Es gibt viele Aspekte, die bei der Berufswahl zu berücksichtigen sind, man kann sogar mehrere haben, aber im Allgemeinen kann man sagen, dass die kardinalen Zeichen (Widder, Krebs, Waage und Steinbock) Organisationstalent haben, sie sind Initiatoren und neigen daher dazu, ihr eigenes Unternehmen zu haben, weil sie sich nicht gut unterordnen können.

Krebs wäre hier die Ausnahme.

Fixe Zeichen (Stier, Löwe, Skorpion und Wassermann) wissen, wie man Ressourcen oder Menschen verwaltet, sie bringen zu Ende, was andere beginnen, sollten aber nicht in Positionen arbeiten, in denen Flexibilität gefragt ist.

Die Ausnahme wäre hier der Wassermann, der ein wenig unberechenbar und exzentrisch ist, seine Individualität muss berücksichtigt werden.

Die veränderlichen Zeichen (Zwillinge, Jungfrau, Schütze und Fische) können eine unglaubliche Menge an emotionalem Stress bewältigen, ohne davon beeinträchtigt zu werden. Weil sie so fließend und flexibel sind, sind sie zu einer unglaublichen Anzahl von Aufgaben fähig.

Hier wäre die Ausnahme die Jungfrau, sie muss individuell analysiert werden.

Ein Bewerbungsschreiben zeigt immer unsere Talente, unsere Fähigkeiten, Geld zu verdienen, und vor allem: unseren Willen zum Erfolg.

Bis dass das Geld uns scheidet!

Es ist übermäßig kompliziert, Liebe und Geld unter einen Hut zu bringen. Es ist erwiesen, dass nach einer Zeit, in der alles rosig ist, wirtschaftliche Diskrepanzen auftreten.

Kommunikation ist das A und O in jeder Beziehung, aber das Thema Geld ist sehr heikel, und deshalb meiden viele dieses Thema.

Die Technologie hat die finanziellen Probleme verschärft; Konflikte über Geld zwischen Paaren haben zugenommen, da Geld nicht mehr greifbar ist.

Virtuelle Transaktionen und andere Verfahren, die an die Stelle des Bargelds getreten sind, verursachen große Komplikationen, da es schwieriger ist, die finanziellen Transaktionen zu kontrollieren und zu verfolgen.

Die Familienfinanzen sind ein grundlegender Bestandteil der Beziehung, und wenn sie nicht gesund sind, schaden sie der Verbindung.

Geld verursacht so viele Konflikte, dass es nach Untreue der zweithäufigste Grund für eine Scheidung oder Trennung ist.

Wir alle haben unterschiedliche Ausbildungen und Gewohnheiten, wenn wir heiraten, vereinen wir sie mit denen der anderen Person. Die Ungleichheit unserer

Bildung bedeutet nicht, dass die Bräuche des einen schlecht und die des anderen gut sind, sie sind einfach unterschiedlich, wir müssen sie verstehen, sie bewerten und entscheiden, welche für die Beziehung angemessen sind.

Stereotype, sozialer Druck und das Streben nach einer Kultur der Gleichberechtigung haben dazu geführt, dass Paare ihr Verhältnis zum Wirtschaftsbudget geändert haben.

Es ist heutzutage sehr schwierig, ein Paar zu finden, bei dem nicht einer der Partner eine neue Anschaffung als eine alte ausgibt, sagt, dass er/sie etwas mit einem Rabatt gekauft hat, obwohl dies nicht stimmt, Geld von Sparkonten abhebt, ohne dies mitzuteilen, geheime Konten oder verstecktes Geld hat, über Schulden lügt, Geld für die Kinder ausgibt, ohne es mit dem Partner zu teilen, usw.

Etwas, das recht häufig vorkommt und das ich nicht verstehe, ist die Trennung der Finanzen. Wenn wir heiraten, dann deshalb, weil wir eine Einheit haben wollen. Indem wir teilen, schaffen wir eine Symbiose zwischen zwei Menschen, die viel effektiver ist als die Summe der Teile; wenn wir die Finanzen trennen oder die wirtschaftliche Verantwortung einem der Mitglieder des Paares auferlegen, schaffen wir eine Trennung.

In unzähligen Ehen kommt es zu Komplikationen, wenn Geld wertvoller wird als die Beziehung. Wenn Sie Ihr Geld getrennt halten, teilen Sie Ihrer besseren Hälfte mit, dass Sie ihr nicht vertrauen, und wo es keine Klarheit und kein Vertrauen gibt, gibt es auch keine Zukunft.

Aus astrologischer Sicht gehört der Widder zu den finanziell untreuesten Sternzeichen. Widder haben ernsthafte Probleme, ihre Finanzen zu verwalten, und da sie der Meinung sind, dass Geld dazu da ist, ausgegeben zu werden, verbergen sie viele wirtschaftliche Transaktionen vor ihren Partnern.

Waagen leben gerne über ihre Verhältnisse, wenn sie etwas sehen, das ihnen gefällt, denken sie nicht zweimal nach, sie kaufen es, auch wenn sie mittellos sind und verstecken es im Kofferraum des Autos, wenn sie herausgefunden werden, sagen sie, dass sie es hatten, bevor sie geheiratet haben!

Der Krebs ist berühmt für seine Unfähigkeit, Versuchungen zu widerstehen, und Paare mit einem Jungfrauenanteil gehören mit ihren analytischen Fähigkeiten zu denjenigen, die am meisten die Bank überziehen.

Am pragmatischsten, diszipliniertesten und ehrlichsten in finanziellen Angelegenheiten sind Steinbock und Fische.

Wenn wir mit einer anderen Person zusammenleben, müssen wir den besten Weg finden, um mit Geld umzugehen, Vereinbarungen und Meinungsverschiedenheiten zum richtigen Zeitpunkt mitzuteilen, da das Festhalten an Groll oder Kommentaren keine Lösung darstellt.

Autoritäts- und Gehorsamsverhalten führen zu asymmetrischen Beziehungen, die auf Ungleichheit beruhen, insbesondere wenn man Macht mit Geld ausübt.

Literaturverzeichnis

Einige Informationen wurden aus den von den Autoren veröffentlichten Büchern entnommen: Liebe für alle Herzen, Geld für alle Taschen und Horoskope 2022 und 2024.

Artikel im Nuevo Herald, verfasst von einem der Autoren.

Über die Autoren

Zusätzlich zu ihrem astrologischen Wissen verfügt Alina A. Rubi über eine reichhaltige berufliche Ausbildung; sie hat Zertifizierungen in Psychologie, Hypnose, Reiki, bioenergetischer Kristallheilung, Engelsheilung, Traumdeutung und ist spirituelle Lehrerin. Rubi verfügt über Kenntnisse in Gemmologie, die sie nutzt, um Steine oder Mineralien zu programmieren und sie in kraftvolle Amulette oder Talismane des Schutzes zu verwandeln.

Rubi hat einen praktischen und zielgerichteten Charakter, der es ihr ermöglicht hat, eine besondere und integrative Vision von mehreren Welten zu haben, die Lösungen für spezifische Probleme ermöglicht. Alina schreibt die Monatshoroskope für die Website der American Asociation of Astrologers; Sie können sie unter www.astrologers.com lesen. Zurzeit schreibt sie eine wöchentliche Kolumne in der Zeitung El Nuevo Herald über spirituelle Themen, die jeden Sonntag in digitaler Form und montags in gedruckter Form erscheint. Er hat auch ein Programm und ein wöchentliches Horoskop auf dem YouTube-Kanal dieser Zeitung. Ihr Astrologisches Jahrbuch wird jedes Jahr in der Zeitung "Diario las Américas" in der Rubrik Rubi Astrologa veröffentlicht.

Rubi hat mehrere Artikel über Astrologie für die monatliche Publikation "Today's Astrologer" verfasst und Kurse über Astrologie, Tarot, Handlesen, Kristallheilung und Esoterik gegeben. Auf ihrem YouTube-Kanal stellt sie wöchentlich Videos zu esoterischen Themen zur Verfügung: Rubi Astrologa. Sie hatte ihre eigene Astrologie Sendung, die täglich über Flamingo T.V. ausgestrahlt wurde, wurde von mehreren Fernseh- und Radiosendungen interviewt und veröffentlicht jedes Jahr ihr "Astrologisches Jahrbuch" mit dem Horoskop nach Sternzeichen und anderen interessanten mystischen Themen.

Sie ist Autorin der Bücher "Reis und Bohnen für die Seele" Teil I, II und III, einer Zusammenstellung von esoterischen Artikeln, die in Englisch, Spanisch, Französisch, Italienisch und Portugiesisch veröffentlicht wurden. "Geld für alle Taschen", "Liebe für alle Herzen", "Gesundheit für alle Körper", Astrologisches Jahrbuch 2021, Horoskop 2022, Rituale und Zaubersprüche für den Erfolg im Jahr 2022, Zaubersprüche und Geheimnisse, Astrologie Kurse, Rituale und Zaubersprüche 2024 und Chinesisches Horoskop 2024 sind in fünf Sprachen erhältlich: Englisch, Italienisch, Französisch, Japanisch und Deutsch.

Rubi spricht perfekt Englisch und Spanisch und kombiniert alle ihre Talente und Kenntnisse in ihren Lesungen. Sie wohnt derzeit in Miami, Florida.

Weitere Informationen finden Sie auf der **Website** www.esoterismomagia.com.

Alina A. Rubi ist die Tochter von Alina Rubi. Sie studiert derzeit Psychologie an der Florida International University.

Seit ihrer Kindheit interessiert sie sich für alle metaphysischen und esoterischen Themen und praktiziert Astrologie und Kabbala seit ihrem vierten Lebensjahr. Sie verfügt über Kenntnisse in Tarot, Reiki und Edelsteinkunde. Sie ist nicht nur Autorin, sondern zusammen mit ihrer Schwester Angeline A. Rubi auch die Herausgeberin aller von ihr und ihrer Mutter veröffentlichten Bücher.

Für weitere Informationen kontaktieren Sie sie bitte per E-Mail: **rubiediciones29@gmail.com**